BIBLIOTHÈQUE DES ÉCOLES CHRÉTIENNES

2ᵉ SÉRIE

DRAMES MORAUX

PROPRES A ÊTRE REPRÉSENTÉS

DANS

LES MAISONS D'ÉDUCATION

DE

JEUNES GENS

TOURS

Aᵈ MAME ET Cⁱᵉ

ÉDITEURS

BIBLIOTHÈQUE

DES

ÉCOLES CHRÉTIENNES

APPROUVÉE

PAR S. ÉM. Mgr LE CARDINAL ARCHEVÊQUE DE PARIS

—

2ᵉ SÉRIE

« Barbarino, conduis ces prisonniers au château
de la Roche-Noire.

DRAMES MORAUX

PROPRES A ÊTRE REPRÉSENTÉS

DANS

LES MAISONS D'ÉDUCATION

DE JEUNES GENS

PAR J.-J.-E. ROY

———

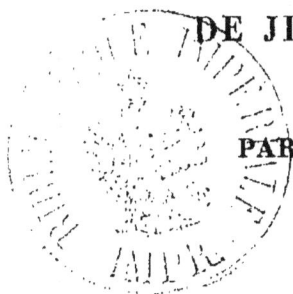

NOUVELLE ÉDITION

TOURS

Ad MAME ET Cie, IMPRIMEURS-LIBRAIRES

—

1861

BALDINI

ou

ÉPISODE D'UN VOYAGE EN ITALIE

DRAME EN TROIS ACTES ET EN PROSE

PERSONNAGES.

—

BALDINI, chef de brigands.

SAINT-LÉON (le comte de).

ÉDOUARD, }
CHARLES, } jeunes artistes français, amis du comte.

DUMONT, ancien domestique de la famille Saint-Léon.

ISAAC-JACOBO MADELCHINI, espion de Baldini.

ANTONI, guide.

SACRIPANTI, lieutenant de Baldini.

FERRATO, voleur.

BARBARINO, voleur.

TROUPE DE VOLEURS.

La scène est en Italie, dans les Apennins.

BALDINI

ou

ÉPISODE D'UN VOYAGE EN ITALIE

ACTE PREMIER

Le théâtre représente une forêt qui se trouve à mi-côte
d'une montagne.

SCÈNE PREMIÈRE.

SAINT-LÉON, ÉDOUARD, CHARLES.

CHARLES, *à Saint-Léon et à Édouard dans la coulisse.*

Arrivez, Messieurs, arrivez; voici un endroit délicieux
pour vous reposer un instant.

SAINT-LÉON, *en entrant et s'essuyant le front avec son
mouchoir.*

Ouf!... je n'en puis plus... je suis rendu... Ah! pour
cette fois, Messieurs, je vous le déclare, je ne vais pas
plus loin.

ÉDOUARD.

Comment! Saint-Léon, tu manques déjà de courage?
Encore dix minutes, et nous serons arrivés au fameux rocher de *Bella-Vista.*

SAINT-LÉON.

Mon cher Édouard, voilà plus de deux heures que tu me
répètes la même chose, et nous n'avons cessé depuis le
matin de gravir, gravir toujours... En vérité, je crois les
Apennins encore plus hauts que les Alpes.

ÉDOUARD.

Tu as peut-être raison, et si tu publies la relation de notre voyage en Italie, je te conseille d'y consigner cette observation : du moins on ne pourra dire que ton ouvrage ne renferme pas quelque chose de neuf.

SAINT-LÉON.

Trêve de plaisanteries. Le fait est que je suis hors d'état d'aller plus loin ; sans compter que l'air est si vif sur ces montagnes, qu'il me donne un appétit, oh! mais un appétit... En attendant que Dumont et Antoni apportent les provisions, je vais m'asseoir sur ce tronc d'arbre. (*Il s'assied.*)

ÉDOUARD.

Quoi ! tu voudrais déjà dîner? Il n'y a qu'un instant que nous avons déjeuné... Vois Charles, il est bien plus faible que toi, et il a dix fois plus de courage.

CHARLES.

Ah ! c'est que je n'ai pas été comme lui gâté par la fortune, et ma vie ne s'est pas écoulée jusqu'ici dans les plaisirs et la mollesse... Mais je dois rendre justice à notre ami... Toi, Édouard, tu accuses Saint-Léon de manquer de courage, et moi je soutiens qu'il lui en a fallu beaucoup, mais beaucoup, pour le décider à quitter Paris et toutes les jouissances que donne le luxe, et à entreprendre le voyage d'Italie avec deux artistes, et à leur manière. Comptes-tu pour rien les privations continuelles qu'il éprouve? Lui qui ne voyageait que balancé dans une bonne voiture, qui ne couchait que sur le duvet et l'édredon, qui se nourrissait des mets les plus délicats, le voilà maintenant obligé d'aller tantôt à pied, tantôt monté sur quelque mauvaise rosse de louage, de coucher dans des auberges détestables, de se contenter de la nourriture la plus grossière...

ÉDOUARD, *interrompant.*

Mais ne comptes-tu pour rien, toi, ces jouissances nouvelles qu'il goûte depuis qu'il est avec nous? Regarde comme sa santé est redevenue florissante, comme cette pâleur qui couvrait ses joues a fait place au plus brillant coloris... Et cet appétit dont il parlait tout à l'heure, et qui lui fait trouver nos repas délicieux, il ne se souvient pas d'en avoir eu de semblable, excepté peut-être quand il était avec nous au collége; car tu te rappelles que c'était dans ce temps-là un camarade de bon appétit.

SAINT-LÉON, *se levant.*

Tu as raison, Édouard; depuis que j'ai quitté le collége, je n'ai jamais été aussi heureux qu'à présent, et c'est à vous, mes bons amis, que je dois ce bonheur; c'est à vous que je dois la santé et peut-être la vie. Ne croyez pas que je regrette un seul instant ces jouissances du luxe qui avaient énervé mes forces et ruiné ma santé. Je n'ai jamais apprécié qu'aujourd'hui tout leur danger; la seule chose que je regrette, c'est que ma bonne mère ne me voie pas maintenant si frais, si bien portant... Cette pauvre mère !... Combien son cœur était déchiré quand je me suis séparé d'elle !... Et moi-même, malgré le plaisir que je me promettais avec vous dans votre pèlerinage d'artistes, jamais je n'aurais eu la force de la quitter, sans l'arrêt prononcé par la faculté qui me condamnait à voyager ou à mourir.

CHARLES.

Nous reconnaissons bien là ton cœur, cher Saint-Léon; et nous savons à quel point tu aimes ta mère.

SAINT-LÉON.

Et comment n'aimerais-je pas une mère si bonne, qui, dès ma plus tendre enfance, n'a cessé de me prodiguer toutes les marques de la plus vive tendresse !

ÉDOUARD.

Mais quelquefois cette tendresse est aveugle. Si nous eussions voulu croire Mme de Saint-Léon, nous n'aurions voyagé qu'en poste, avec un courrier en avant, deux ou trois laquais, un fourgon: que sais-je ?... Le beau plaisir vraiment de courir ventre à terre, de voir fuir à droite et à gauche des arbres et des maisons, d'arriver dans de grandes villes, de loger dans d'immenses hôtels !... Autant ne pas quitter Paris, autant faire de temps en temps une promenade sur les boulevards ou au bois de Boulogne.

SAINT-LÉON.

Aussi me suis-je opposé de toutes mes forces à ce projet, et ce n'est même qu'avec peine que je me suis décidé à emmener Dumont avec nous.

ÉDOUARD.

Encore aurais-tu bien fait de le laisser à Paris. Ce n'est pas qu'il ne nous amuse quelquefois avec son air d'importance et ses prétentions d'auteur dramatique ; mais, mon ami, un laquais pour des artistes en voyage (car tu n'oublies pas que tu es artiste avec nous et comme nous), c'est un luxe qui ne s'est jamais vu.

SAINT-LÉON.

Que voulez-vous ? je n'ai pas osé contrarier ma mère à ce sujet. D'ailleurs Dumont n'est point un domestique comme un autre. Il a servi mon père jusqu'à sa mort en qualité de valet de chambre, et dès lors il est resté à la maison, sans fonctions déterminées, plutôt comme homme de confiance que comme domestique. C'est ce loisir qui a développé en lui le goût du théâtre, et la manie de vouloir jouer et composer des pièces dramatiques.

CHARLES.

Pour moi, j'aime beaucoup Dumont, parce qu'il a pour Saint-Léon un attachement, un dévouement qu'on trouve rarement aujourd'hui dans les domestiques de grande maison.

ÉDOUARD.

Je suis loin d'accuser son cœur, qui est excellent ; mais tu me permettras de rire quelquefois des travers de son esprit, qui sont fort amusants. Et ce n'est pas d'aujourd'hui qu'il excite notre gaieté : vous vous rappelez, Messieurs, cette fête de Mme de Saint-Léon pour laquelle Dumont avait fait une pièce qu'il vint nous lire au collége ?

SAINT-LÉON.

Oui, et qui se terminait par un·incendie si bien représenté que l'hôtel faillit être brûlé... Mais, à propos, vous savez, mes amis, que c'est aujourd'hui la fête de cette

bonne mère, et que vous m'avez promis de m'aider à la
célébrer.

CHARLES.

Et nous sommes prêts à accomplir notre promesse. Mais
quel lieu choisirons-nous pour cette cérémonie? sera-ce
ici, ou sur le rocher de Bella-Vista?

SAINT-LÉON.

Je ne tiens pas au lieu; mais je tiens beaucoup à l'heure;
et je vais vous en dire la raison. En quittant Paris, je suis
convenu avec ma sœur qu'aujourd'hui, une demi-heure
avant le coucher du soleil, elle souhaiterait la fête à notre
mère, et que moi, à la même heure, partout où je me
trouverais, dans un lieu habité ou dans un désert, dans
un château ou dans une cabane, en prison même, je
célébrerais du mieux qu'il me serait possible ce jour, qui
sera toujours le plus beau de ma vie; cette fête, qui sera
toujours la plus chère à mon cœur.

ÉDOUARD.

Tu es ingénieux dans l'expression de ta tendresse filiale,
et dans cette occasion, loin de te contrarier, comme cela
m'arrive quelquefois, tu peux compter que je te secon-
derai de tous mes efforts...

CHARLES.

Que ton idée me plaît!... A l'instant même où ta mère
recevra les hommages de sa fille, son fils fera retentir les
échos des Apennins par des accents qu'auront inspirés
les mêmes sentiments!

ÉDOUARD.

Nous avons bien le temps de nous rendre au rocher de
Bella-Vista avant l'heure convenue. Cependant je ne serais
pas fâché d'y arriver avant que la matinée fût trop avan-
cée; car plus tard les objets trop éclairés ne ressortiraient
pas aussi bien, et nous manquerions les plus beaux effets
de lumière... Mais notre guide et Dumont sont bien en
retard. (*Il s'approche de l'endroit par où ils sont entrés.
Après avoir regardé.*) Ah! enfin, je les aperçois; ils seront

bientôt ici. (*Après avoir examiné avec plus d'attention.*) Tiens! Dumont ne s'est-il pas avisé de mettre sa livrée!

SAINT-LÉON, *s'approchant.*

Comment, moi qui le lui ai expressément défendu!

ÉDOUARD.

Il ne manquait plus que cette mascarade pour nous faire passer pour de grands seigneurs en voyage.

SCÈNE II

LES PRÉCÉDENTS, ANTONI, DUMONT.

(*Antoni et Dumont entrent chargés de plusieurs paquets.*)

SAINT-LÉON.

Nous vous attendons avec impatience; tu sais bien, Antoni, que tu nous as dit toi-même qu'il nous serait impossible d'aller plus loin sans guide.

CHARLES.

Tu vois bien que, chargés comme ils sont, ils ne pouvaient marcher aussi vite que nous.

DUMONT, *déposant ses paquets.*

Ah! quel maudit pays! quel maudit pays!... Non, je ne conçois pas qu'on trouve du plaisir à voyager dans des chemins aussi affreux.

ÉDOUARD.

Il paraît que M. Dumont est de mauvaise humeur.

SAINT-LÉON.

Je lui pardonne sa mauvaise humeur, car moi-même je ressens aussi les effets de la fatigue; mais ce que je ne lui pardonne pas, c'est sa désobéissance formelle à mes ordres les plus positifs.

DUMONT, *s'approchant respectueusement.*

Comment, Monsieur? en quoi vous ai-je désobéi?

SAINT-LÉON.

Ne t'ai-je pas expressément défendu de prendre cette livrée, que tu as emportée de Paris sans m'en prévenir?

DUMONT.

Cela est vrai; mais quand vous connaîtrez le motif qui

m'a déterminé à enfreindre cette défense, j'espère que vous ne me blâmerez pas.

SAINT-LÉON.

Et quel est-il donc ce motif?

DUMONT.

Monsieur sait bien que c'est aujourd'hui la fête de Mme de Saint-Léon, puisqu'il se propose, dans ce pays sauvage, à douze cents kilomètres d'elle, de la célébrer; et moi, qui chaque année avais aussi l'honneur de lui présenter mes hommages en ce jour, j'aurais cru manquer à mon devoir si je n'avais pas au moins, ne pouvant faire mieux, revêtu cet habit qui m'a toujours servi en pareille occasion.

CHARLES.

En considération d'un pareil motif, tu dois aisément lui pardonner.

SAINT-LÉON.

Dès l'instant qu'il s'agit de ma mère, je n'ai plus la force de lui adresser aucun reproche.

CHARLES.

Et puis cela n'est pas aussi dangereux que sa pièce à incendie, qui a failli brûler l'hôtel Saint-Léon.

ÉDOUARD.

Sans doute; mais cela nous expose à un autre péril encore plus grave : si par hasard les brigands dont voulait nous effrayer Antoni aperçoivent cette livrée, ils ne nous prendront pas pour des artistes, et nous serons arrêtés.

ANTONI.

Oh! Messieurs, ne plaisantez pas sur ces brigands... Le fameux Baldini est terrible, et son nom seul fait trembler tous les habitants de ces contrées. Si vous aviez voulu me croire, au lieu de vous écarter de la route pour visiter la Bella-Vista, vous seriez déjà hors des gorges des Apennins, et dans la plaine vous n'auriez plus de danger à craindre.

DUMONT.

M. Jacobo, avec qui j'ai déjeuné ce matin, m'a assuré que Baldini ne venait jamais dans ces cantons.

1*

ÉDOUARD.

Votre M. Jacobo ne serait pas pour moi une bonne caution. Avec ses grands compliments et ses saluts jusqu'à terre, je le crois un véritable hypocrite.

SAINT-LÉON.

C'est peut-être juger un peu témérairement un homme que nous n'avons vu que quelques instants.

CHARLES.

Et moi, je suis de l'avis d'Édouard. Je n'aime pas qu'un homme vante sans cesse sa bravoure ou sa probité : c'est ordinairement un lâche ou un fripon.

SAINT-LÉON.

Laissons-là M. Jacobo, qui nous intéresse fort peu, et dont le témoignage n'est pas, si vous le voulez, d'un grand poids; mais plusieurs autres personnes m'ont assuré qu'on n'avait jamais vu la troupe de Baldini dans cette partie des Apennins.

ANTONI.

Oh! Messieurs, ne vous y fiez pas... Sait-on jamais où il va? Aujourd'hui ici, demain là... Dernièrement il a arrêté un milord anglais qu'il a retenu quinze jours prisonnier, jusqu'à ce qu'il ait touché une grosse somme qu'il a envoyé chercher à Rome par un de ses agents; et pendant ce temps-là il n'a nourri le pauvre Anglais qu'avec des noix, de l'eau et du pain noir.

ÉDOUARD, *riant.*

Ah! ah! ce régime-là a dû faire maigrir un peu sa seigneurie.

ANTONI.

Oh! Messieurs, je vais vous conter encore une histoire...

CHARLES.

Assez, assez... Si les brigands en veulent à notre vie, nous sommes Français, nous ne craignons pas le danger.

ÉDOUARD.

Et s'ils en veulent à notre bourse, nous sommes artistes, nous ne craignons pas les voleurs.

CHARLES.

Mais nous perdons le temps à causer, et nous devrions déjà être partis.

ÉDOUARD.

Tu as raison. Et toi, Saint-Léon, décidément viens-tu avec nous?

SAINT-LÉON.

Je vous le répète, je me sens trop fatigué; j'ai besoin de prendre quelques rafraîchissements; je resterai ici avec Dumont, et vous enverrez Antoni me chercher.

CHARLES.

Ne le détourne pas davantage. Allons, Antoni, si tu es prêt, partons.

ANTONI.

Quand vous voudrez, Messieurs... (*Il se dirige vers le fond du théâtre.*) Par ici, par ici. (*Édouard et Charles le suivent.*)

SCÈNE III

SAINT-LÉON, DUMONT.

SAINT-LÉON.

Cherche un peu, Dumont, dans le sac de provisions, si tu ne trouverais pas quelque chose à me donner pour me rafraîchir.

DUMONT, *après avoir tiré du sac une bouteille de vin, un pain et un morceau de viande froide.*

Voilà tout ce que j'ai à offrir à M. le comte.

Encore une désobéissance, Dumont. Je t'ai défendu de me donner ce titre pendant tout notre voyage.

DUMONT.

Permettez, Monsieur; vous m'avez défendu de vous appeler M. le comte devant vos amis MM. Charles et Édouard, sans doute pour ne pas les mortifier; mais puisqu'ils sont absents, je n'ai pas cru commettre une faute en vous adressant la parole comme j'ai coutume de le faire depuis tant d'années.

SAINT-LÉON.

Non, ce n'est point dans la crainte de mortifier Charles et Édouard que je t'ai défendu de m'appeler M. le comte, mais plutôt parce que ce serait me donner à moi-même un ridicule devant d'anciens amis, qui, s'ils n'ont pas de titres de noblesse, me sont supérieurs sous bien d'autres rapports.

DUMONT.

Monsieur est trop modeste.

SAINT-LÉON.

Et M. Dumont trop flatteur.

DUMONT.

Non, Monsieur, non, je ne suis pas trop flatteur; mais enfin quand on a été comme moi vingt-cinq ans au service d'une grande maison, on connaît un peu les convenances, et je vous avoue que je trouve inconcevable que vous, monsieur le comte de Saint-Léon, un des jeunes gens les plus distingués de la capitale, vous ayez abandonné la société des personnes de votre condition pour courir le monde avec des gens d'un rang si inférieur, et qui n'ont pour moyens d'existence que leurs instruments ou leurs crayons.

SAINT-LÉON.

Savez-vous, Monsieur Dumont, que vous parlez de mes amis, et que la familiarité que vous donnent avec moi la confiance de ma mère et vos anciens services, ne doit pas aller jusqu'à parler de ces messieurs avec ce ton de mépris que vous venez de prendre?

DUMONT.

Pardon, Monsieur, pardon. Je n'ai pas eu l'intention de fâcher Monsieur, ni de dire le moindre mal de MM. Charles et Édouard. Personne mieux que moi ne rend justice à ces deux jeunes gens, qui sont gais, aimables, et qui ont l'honneur d'être vos amis.

SAINT-LÉON.

Dis donc que ce sont des amis parfaits. Peut-on trou-

ver un caractère plus gai, plus franc, plus dévoué qu'É-
douard?

DUMONT.

J'en conviens; seulement il est trop railleur, et je le
soupçonne entre nous d'être un peu...

SAINT-LÉON, *interrompant.*

Quoi? quel soupçon aurais-tu contre Édouard?

DUMONT, *d'un air mystérieux.*

Je le soupçonne d'être un peu... classique.

SAINT-LÉON.

Ah! ah!... J'y suis, c'est que quelquefois Édouard se permet des plaisanteries sur les compositions dramatiques de
M. Dumont... Et Charles, peut-on voir un plus noble caractère, des sentiments plus élevés, une âme plus pure,
plus candide.

DUMONT.

Oh! pour M. Charles, je l'ai jugé depuis longtemps; il
n'y a rien à dire sur lui... Il a une belle figure romantique.

SAINT-LÉON.

Et ces qualités, relevées, embellies, chez l'un et l'autre
par les talents les plus distingués, par les connaissances
les plus variées, par cet amour des beaux arts qui échauffe
et éclaire le génie et porte le cœur à la vertu. Aurais-je
trouvé à Paris, parmi les jeunes gens que tu appelles de
mon rang, deux amis pareils? Que sont la plupart de nos
jeunes gens à la mode? des cœurs froids, égoïstes, corrom-
pus, recouverts d'un vernis de politesse, et cachant leur
nullité sous un jargon qu'on est convenu d'appeler le lan-
gage du bon ton.

DUMONT.

Tout cela est assez vrai; mais Monsieur m'avouera que
depuis quatre mois que nous avons quitté Paris, nous me-
nons une vie bien rude et bien fatigante.

SAINT-LÉON.

Je t'entends... M. Dumont regrette Paris, ses connaissances, son théâtre bourgeois, où il joue lui-même ou fait
jouer de temps en temps ses pièces.

DUMONT.

Et quand cela serait, Monsieur, aurais-je si grand tort?
Si vos médecins vous eussent ordonné un voyage aux eaux
du Mont-Dore ou de Bagnères, qui sont le rendez-vous ordinaire de la bonne société, à la bonne heure; si du moins
nous eussions voyagé dans un équipage convenable à votre
rang, encore passe : mais gravir des montagnes escarpées,
marcher sur le bord des précipices, nous exposer vingt
fois à nous rompre le cou, et tout cela pour jouir d'un
beau point de vue, voir tomber une cascade, visiter
quelque grotte ou se promener sur un glacier...

SAINT-LÉON.

Comment! Dumont, toi qui te mêles de littérature dramatique, je t'aurais cru plus amateur des beautés de la
nature ! Un site romantique, le souffle de la bise, la chute
du torrent qui mugit dans le lointain, le bruit plus doux et
plus rapproché de la cascade, élèvent l'âme du poëte, du
peintre, du musicien, de l'artiste en un mot, et lui donnent des inspirations inconnues, ravissantes, sublimes.

DUMONT.

Ah! Monsieur, voilà bien comme vous et M. Charles
vous m'avez toujours séduit par vos belles paroles. Rien
qu'en vous entendant parler de vos sites romantiques, de
vos cascades, j'étais enchanté, ravi ; mais quand j'ai vu tout
cela de près, eh bien ! je ne sais pas pourquoi cela n'a produit sur moi aucun effet. Il est vrai que vous ne me parliez
pas des avalanches qui ont failli nous engloutir, ni des
abîmes où nous avons manqué d'être précipités, ni des
voleurs dont on nous menace à chaque instant. Pour moi,
Monsieur, j'ai rarement quitté Paris ; et dans un voyage,
ce qui me plaît le plus c'est d'être de retour.

SAINT-LÉON.

Je le conçois très-bien; en ce cas, console-toi, dans
cinq à six mois au plus nous serons à Paris.

DUMONT.

Cinq à six mois ! ...(*A part.* Quelle consolation !...) Eh !

mon Dieu ! Monsieur, que comptez-vous faire pendant
tout ce temps-là ?

SAINT-LÉON.

Nous nous arrêterons à Rome un mois ou deux; de là
nous irons visiter Naples, le Vésuve, la Sicile, l'Etna.

DUMONT.

Des montagnes! toujours des montagnes! Monsieur
veut-il me permettre de lui dire là-dessus ma façon de
penser?

SAINT-LÉON.

Sur les montagnes?... Parle, je te le permets sans difficulté.

DUMONT.

Eh bien! Monsieur, je vous dirai franchement, dussiez-
vous vous moquer de moi, que je préfère aux Alpes, aux
Apennins, au Vésuve et à l'Etna; je préfère, dis-je, la
montagne Sainte-Geneviève, Montmartre ou le mont Valé-
rien. Au moins celles-ci sont des montagnes civilisées,
honnêtes, qui jouissent d'une bonne réputation, tandis
que les autres sont des monts sauvages, inhospitaliers,
dangereux pour la bourse et pour la santé. Et en revenant,
visiterons-nous encore des montagnes?

SAINT-LÉON.

Non. Nous nous embarquerons à Messine, et nous re-
viendrons en France par mer.

DUMONT.

Par mer! ah! Monsieur, vous m'effrayez; par mer!...
Que vais-je devenir, moi qui n'ai jamais mis le pied dans
un bateau sur la Seine sans trembler, et qui ai eu le mal
de mer pendant trois jours, rien que pour être allé de
Paris à Saint-Cloud en bateau à vapeur.

SAINT-LÉON.

Ce sera l'affaire d'un jour ou deux pour t'accoutumer;
et songe donc que quand tu seras de retour, tu auras des
matériaux pour conter à tes amis pendant plus de dix ans,
et pour créer au moins cinq ou six pièces de théâtre.

DUMONT.

Oh! pour ce dernier article, Monsieur, c'est impossible. Ce n'est qu'à Paris qu'un auteur dramatique peut se former, parce que ce n'est qu'à Paris qu'on peut étudier la vraie, la belle nature, la nature qui fait frissonner les hommes, qui donne des attaques de nerfs aux femmes et de brillants succès à un auteur ; on ne peut rencontrer une telle nature que dans la grande ville, dans les prisons, dans les hôpitaux, à la cour d'assises, à la Morgue ou sur la Grève.

SAINT-LÉON.

Je sais que c'est là qu'un grand nombre d'auteurs modernes vont puiser leurs inspirations ; mais, mon cher Dumont, tu arrives un peu tard, et, en fait d'horreurs, tout a déjà été présenté au théâtre. Il faudrait maintenant du neuf pour pouvoir réussir, et tu sais que depuis longtemps il n'y en a plus au monde.

DUMONT.

Une pareille difficulté n'arrête pas le génie... Eh bien ! moi, tel que vous me voyez, j'ai trouvé un moyen neuf, unique, d'exciter au plus haut degré l'intérêt et de faire naître les plus vives émotions.

SAINT-LÉON.

Quel est donc ce moyen extraordinaire ? Je t'avoue que je suis assez curieux de le connaître.

DUMONT.

Je ne vous le dirais pas si vos amis étaient là, surtout M. Édouard ; et je vous prie de ne pas leur en parler.

SAINT-LÉON.

Je te le promets ; voyons donc ton fameux projet.

DUMONT.

Comme vous l'avez fort bien dit tout à l'heure, on a déjà épuisé bien des sujets de terreur pour la scène... Les coups de poignard, les empoisonnements, sont depuis longtemps relégués dans les moyens classiques ; nous avons vu les convulsions de l'agonie, des enterrements avec l'office des morts, des bourreaux et autres petits détails ; mais

moi, je veux faire mieux que cela, je placerai l'échafaud
sur la scène.

SAINT-LÉON.

Ah! pour celui-là, je ne m'en étais pas douté : mais
quel effet penses-tu produire avec ton échafaud de carton
peint, sans doute?

DUMONT.

Du carton! non, Monsieur, non ; mon échafaud ne sera
pas du carton, mais bien le véritable instrument du supplice des criminels; on n'y fera point monter un manne-
quin avec une vessie pleine de sang, mais ce sera le
bourreau lui-même qui fera subir le dernier supplice à
un homme véritable en chair et en os, comme vous et
moi... Voyez-vous maintenant quel effet produira un pareil
spectacle?

SAINT-LÉON.

Pour le coup je n'y tiens plus, je tombe de surprise en
surprise... Oui, sans doute, l'effet sera prodigieux; mais
une seule chose m'embarrasse, mon pauvre Dumont: quel
acteur voudra dans ton drame sublime, se charger du
rôle de patient?

DUMONT.

Rien de plus facile... J'obtiens une loi qui m'autorise à
faire exécuter sur le théâtre tous les criminels condamnés
à mort par toute la France. Le sujet de leur condamna-
tion formera celui de la pièce, et leur supplice en sera le
dénoûment.

SAINT-LÉON.

De mieux en mieux... ton génie sait surmonter toutes les
difficultés ; mais penses-tu pouvoir obtenir une pareille loi?

DUMONT.

Pourquoi pas?... Ne serait-il pas bien plus moral et bien
plus convenable que le public fût instruit de tous les détails qui ont entraîné un homme à l'échafaud, que d'aller,
comme on le fait aujourd'hui, se repaître les yeux du
spectacle de la mort d'un malheureux, sans connaître les
causes qui l'on conduit à sa perte?

SAINT-LÉON.

Je commence à être de ton avis... Mais j'aperçois
Édouard qui vient sans doute me chercher; veux-tu que
je lui communique ton projet dramatique?

DUMONT.

Ah! Monsieur, vous savez ce que vous m'avez promis.

SAINT-LÉON.

Sois tranquille.

SCÈNE IV

ÉDOUARD, SAINT-LÉON, DUMONT.

ÉDOUARD.

Es-tu disposé maintenant à venir, mon cher Saint-Léon?

SAINT-LÉON.

Oui, mais il suffisait d'envoyer Antoni. Pourquoi prendre
la peine de venir toi-même?

ÉDOUARD.

Je craignais que tu ne fusses pas encore décidé, et je
serais désolé de ne pas te voir partager avec nous le plaisir
que nous éprouvons... Non, tu ne peux te faire une idée
du magnifique panorama qui se déploie aux yeux du haut
du rocher de Bella-Vista... Une vaste plaine se déroule à
vos pieds comme une immense carte de géographie par-
semée de villes, de hameaux, de forêts, entrecoupée de
routes et de rivières... et à l'horizon... c'est Rome, Rome
avec ses palais, ses amphithéâtres et tous ses souvenirs; et
au-dessus de Rome se détache sur un ciel d'azur la ma-
jestueuse coupole de Saint-Pierre... Mais viens, viens... je
ne puis qu'affaiblir un tel tableau en essayant de le dé-
peindre.

SAINT-LÉON.

Dumont, tu vas rester auprès de nos effets, et dans un instant je t'enverrai Antoni pour t'aider à nous les apporter.

ÉDOUARD.

Je suis fâché que Dumont ne vienne pas avec nous pour

jouir plus tôt du magnifique point de vue de Bella-Vista, au lieu de rester là tout seul à s'ennuyer.

DUMONT.

Je ne suis pas pressé; d'ailleurs je ne serai pas long-temps seul, car j'attends d'un moment à l'autre M. Jacobo, qui m'a donné rendez-vous ici.

ÉDOUARD.

Votre M. Jacobo ne me plaît guère, et je vous conseille, mon cher Dumont, de ne pas cultiver une pareille connaissance.

DUMONT.

Oh! Monsieur, ne craignez rien. Personne n'est meilleur physionomiste que moi, demandez plutôt à M. de Saint-Léon, et je puis vous attester que M. Jacobo est un brave et digne homme.

ÉDOUARD.

Soit, je veux bien le croire; car, du reste, cela m'est fort égal... Allons, Saint-Léon, [partons.

SCÈNE V

DUMONT, *seul.*

Ces jeunes gens, comme c'est présomptueux!... croire que ce digne M. Jacobo soit une connaissance dangereuse, tandis que c'est l'homme le plus doux, le plus affable... et qui sait rendre justice au mérite... Ah! le voici, ce brave homme... Il est fidèle au rendez vous.

SCÈNE VI

JOCOBO, DUMONT.

JACOBO *entrant légèrement et faisant un grand nombre de saluts.*

Salout, trois fois salout à l'illoustrissime et savantissime signor Doumont, le Torquato Tasso, l'Alfieri de la France.

DUMONT.

Vous ées bien honnête, monsieur Jacobo, mais vous me
flattez un peu.

JACOBO.

Point du tout, signor, point du tout... Vous m'avez lou
ce matin quelques morceaux de vos ouvrages qui m'ont
fait oun plaisir, mais oun plaisir comme ze n'en ai zamais
éprouvé; et ze voulais même à cette occasion vous faire
une petite proposition.

DUMONT.

Parlez, monsieur Jacobo, de quoi s'agit-il?

JACOBO.

Ze voulais vous offrir de tradouire vos ouvrages en italien.

DUMONT.

En Italien? pensez-vous que cela réussirait?

JACOBO.

Oh! trop modestissimo signor, si cela réouissirait? vrai
comme ze m'appelle Isaac Jacobo Madelchini, votre nom
retentirait bientôt dans tous les théâtres de Rome, de
Naples, de Florence et de Venise.

DUMONT.

Vous me réconciliez un peu avec l'Italie, brave Jacobo.
Eh bien! nous allons demain à Rome, où nous séjour-
nerons quelque temps, et, puisque vous habitez cette ville,
nous nous reverrons, et nous pourrons reparler de cette
affaire.

JACOBO.

Et si vous ou M. le comte de Saint-Léon, vous avez besoin de mes petits services, ne m'épargnez pas. Je souis
Italien de nation et zouif de profession, ze demeure auprès
du Corso; et je souis connou de toute la ville. Ze prête de
l'argent, ze place des fonds, z'acète des créances, ze fais
des mariages et des recouvrements. Oun zeune homme de
bonne famille, comme M. le comte par exemple, est-il un
peu zêné, il n'a qu'à s'adresser à moi, et pour oun petit
intérêt, ze lui prête tout ce dont il a besoin.

DUMONT.

Je vous remercie pour M. le comte ; mais il n'a besoin de rien.

JACOBO.

C'est que, voyez-vous, ce que vous m'avez dit ce matin m'a parou si surprenant, que ze m'étais imaziné que la famille de M. le comte avait peut-être été rouinée pendant votre révolution, puisqu'elle laissait un zeune homme d'une telle condition voyazer d'oune manière aussi mesquine.

DUMONT.

Vous étiez dans une grande erreur. Sans doute la famille de Saint-Léon a beaucoup souffert dans la révolution, et son père est mort en pays étranger ; mais il reste encore à sa veuve au moins cent mille francs de rente, deux ou trois châteaux en province, et le plus bel hôtel de la rue de l'Université. Elle n'a que deux enfants, M. le comte et une fille un peu plus jeune que lui.

JACOBO, *part.*

Bon!... bon ! voilà ce que ze voulais savoir. (*Haut.*) Et madame la comtesse aime bien, sans doute, monsieur son fils?

DUMONT.

Si elle l'aime?... Elle sacrifierait tout pour lui ; mais il faut convenir aussi qu'elle est bien payée de retour; il est peu d'enfants aussi attachés à leur mère que M. le comte de Saint-Léon l'est à la sienne.

JACOBO, *à part.*

O la bonne affaire!... ze souis ensanté... (*Haut.*) Et ces deux autres zeunes gens n'ont pas de fortoune ?

DUMONT.

Non; ils n'ont pour toute fortune que leurs talents.

JACOBO.

C'est bien peu de soze, à moins que ce ne soit oun talent distingué comme le vôtre, monsieur Doumont.

DUMONT.

Mais ces messieurs ne sont pas sans mérite.

JACOBO.

Et M. le comte leur est-il bien attaché?

DUMONT.

Après sa mère et sa sœur, il n'a rien de plus cher au monde que ses deux amis.

JACOBO, *à part.*

Encore oune circonstance à noter.

SCÈNE VII

LES PRÉCÉDENTS, ANTONI

ANTONI.

Monsieur Dumont, je viens de la part de ces Messieurs vous chercher avec tous les paquets.

DUMONT.

C'est bien; je suis à toi. Mon cher monsieur Jacobo; je suis fâché de vous quitter sitôt, mais le devoir avant tout, et d'ailleurs j'espère bientôt vous revoir.

JACOBO.

Et moi aussi, ze l'espère, monsieur Doumont... (*A part.*) Plous tôt peut-être que vous ne vous y attendez.

SCÈNE VIII

JACOBO, *seul.*

Enfin me voilà au courant de tout ce que ze voulais savoir... Z'espère que le signor Baldini n'aura pas à se plaindre de moi... Prenons vite quelques notes. (*Il tire de sa poche une espèce de portefeuille et écrit dessus.*) M. le comte de Saint-Léon..., madame la comtesse sa mère, rue de l'Université, faubourg Saint-Germain... Paris... cent mille francs de rente au moins... O la bonne affaire!... Hâtons-nous d'aller trouver nos zens.

FIN DU PREMIER ACTE.

ACTE DEUXIÈME

SCÈNE I

BALDINI, JACOBO.

BALDINI.

Oui, je comprends très-bien que, si le comte de Saint-Léon est aussi riche que tu le dis, cette opération puisse être assez productive.

JACOBO.

Assez productive! Dites donc deux ou trois fois plous que celles de votre lord anglais et de votre baron allemand, dont, soit dit en passant, vous n'avez pas sou tirer bon parti.

BALDINI.

Je conviens que je suis plus habile pour un coup de main que pour enlever à mes prisonniers toutes leurs dépouilles. Plus d'une fois même, je ne m'en cache pas, je me suis surpris à être attendri par leurs plaintes... Mais c'est à toi qu'appartient l'honneur de savoir sucer un malheureux jusqu'à la moelle des os.

JACOBO.

Sacun a son petit talent, voyez-vous, signor Baldini, et il souffit de savoir bien envisager les sozes pour leur trouver des couleurs convenables. Ainsi, vous, par exemple, vous êtes le conquérant, l'Alexandre, le César, tout ce que vous voudrez dans ce zenre, et mois ze souis le petit diplomate, qui négocie les traités nécessaires pour assourer le frouit de vos conquêtes.

BALDINI.

Oh! je ne suis pas en peine des arguments que ta conscience saura trouver pour colorer toutes tes actions, et sous ce rapport, ainsi que sous beaucoup d'autres, j'avoue

que tu es bien au-dessus de moi, c'est-à-dire bien plus
scélérat.

JACOBO.

Vous me faites, signor, infiniment trop d'honneur...
Mais, pour en revenir à notre affaire, ze vous dirai donc
que l'on peut sans difficoulté en tirer deux cent mille
francs.

BALDINI.

Deux cent mille francs!... La somme me paraît un peu
forte, et je crois difficile!...

JACOBO, *interrompant.*

Difficile!... Fiez-vous à moi, signor, fiez-vous à moi,
et écoutez mon petit calcoul. Mme la comtesse de Saint-
Léon a cent mille francs de rente au moins, et elle aime
son fils à l'adoration. Deux cent mille francs ne sont zamais que deux ans de son revenou, et vous croyez que
pour une pareille bagatelle elle refouserait de payer la
liberté de son fils?... Ensouite, pour que le zeune homme
presse davantage Mme de Saint-Léon, nous retenons également ses deux amis, qu'il aime presque autant qu'il aime
sa mère... Et tenez, si nous voulions pousser les sozes
plus loin, ze me sarze de vous faire prendre Mme la comtesse elle-même... Vous savez quand on tient des zeunes
oiseaux en caze, il n'est pas difficile d'attraper la mère.

BALDINI.

Sais-tu que tu as une imagination vraiment infernale?...
Faire servir à tes projets l'amitié, la tendresse filiale,
l'amour maternel, tous les sentiments les plus doux de la
nature... Non, il n'y a que Satan ou toi capable d'une pareille invention... Mais je ne veux pas pousser les choses
plus loin, et je m'en tiens à une rançon que tu feras payer
par les moyens convenus.

JOCOBO.

Soit, pouisque vous le voulez ainsi. Mais il est temps de
se mettre à l'œuvre. Ze vais m'assourer si tout le monde
est à son poste, et ze viendrai vous rezoindre dans
oun instant. (*Il sort.*)

SCÈNE II

BALDINI, *seul.*

Encore une expédition!... encore un crime! Je devrais
pourtant y être accoutumé, et cependant, chaque fois que
je suis sur le point de commettre une action semblable,
j'éprouve une sorte de répugnance... ou plutôt des re-
mords... Il est vrai que je finis par en triompher... Oui,
j'en triomphe; mais ce n'est que pour un instant, et bientôt
j'entends une voix intérieure qui me crie : Devais-tu donc
être chef de brigands?... Naissance, fortune, éducation,
j'avais tout, j'ai tout sacrifié... Ces jeunes gens que je vais
attaquer, je devrais marcher leur égal... Oui, autrefois le
comte de Saint-Léon et ses deux amis auraient recherché
ma société, et maintenant je vais être pour eux un objet
de mépris et d'horreur! Je vais porter la douleur et
peut-être la mort dans le cœur d'une mère... D'une mère!..,
Malheureux! quel nom viens-tu de prononcer!... Et la
tienne qu'en as-tu fait?... Tes crimes ont creusé son tombeau!... (*Il se promène à grands pas sur la scène.*) Oh! dans
quel affreux précipice me suis-je donc plongé! Voilà pourtant où m'ont entraîné mes passions effrénées. Et quand
je veux faire un pas pour sortir de cet abîme, je n'en ai
pas la force, une main invisible semble m'y retenir et m'y
enfonce de plus en plus... (*Il continue de se promener un
instant, plongé dans ses réflexions.*)

SCÈNE III

BALDINI, JACOBO.

JACOBO, *accourant avec empressement.*

Tout est prêt, signor Baldini, tout est prêt; voici le moment d'azir. Nos trois zeunes gens sont tranquillement assis
sour le rocer : l'oun dessine,... l'autre regarde dans oune
lounette, et le troisième assis nonçalamment contre oun

arbre, zoue de la flloûte. — Le domestique et le guide vont descendre ici dans un instant ; Sacripanti et quatre hommes les arrêteront, tandis que vous avec le reste de la troupe vous irez attaquer ces zeunes Français ; nous n'avons pas un moment à perdre... Mais vous n'avez pas l'air de m'écouter, signor Baldini?...

BALDINI.

Tu es pour moi le génie du mal... C'est toi, ce sont tes perfides conseils qui m'ont poussé à faire cet infâme métier ; c'est toi qui m'y retiens, et si par hasard quelques restes de bons sentiments veulent encore se faire jour dans mon cœur, tu es là, toi, toujours là pour les étouffer!

JACOBO.

Allons, allons, signor Baldini, touzours de la philosophie hors de saison. Ze vous l'ai déjà dit : dans quelque temps vous vous retirerez... Encore oune dizaine d'expéditions comme celle-ci, vous voilà rice, mais plous rice que vous ne l'avez zamais été... et alors vous vous ferez honnête homme, vous irez habiter quelque grande ville où vous serez inconnou ; vous y vivrez honoré, considéré et en paix avec tout le monde.

BALDINI.

Et serai-je en paix avec moi-même?... Me promets-tu que je n'aurai pas dans le cœur un ver rongeur qui détruira toutes mes jouissances et ne me laissera pas goûter un seul instant de bonheur ?

JACOBO.

Voici Doumont et Antoni qui arrivent ; retirons-nous vite avant qu'ils nous aperçoivent. (*Il prend le bras de Baldini et l'entraîne.*)

SCÈNE IV

DUMONT, ANTONI.

DUMONT.

Quel maudit pays!... je ne saurais trop le répéter, quel maudit pays!... Que c'est désagréable, des montagnes! Soit

qu'il faille monter, soit qu'il faille descendre, c'est toujours
à peu près la même fatigue... Si j'étais roi, je ferais abattre
toutes les montagnes de mes États.

ANTONI, *après avoir déposé ses paquets.*

Eh bien! monsieur Dumont, comment avez-vous trouvé
la vue du haut de Bella-Vista? N'est-ce pas que c'est magnifique?

DUMONT.

Ça n'est pas mal; mais j'avais déjà vu ça, et mieux
même, sans sortir de Paris.

ANTONI.

Par exemple, voilà qui est singulier. Comment, Monsieur, sans sortir de Paris vous avez pu voir la campagne
de Rome?

DUMONT.

Eh! n'avons-nous pas les panoramas, les dioramas, les
cosmoramas, où, pour la bagatelle de deux francs cinquante
centimes au plus, nous pouvons, sans fatigue et quand
cela nous plaît, contempler à notre aise les plus beaux
sites de la terre, mais plus beaux... plus beaux même qu'au
naturel?

ANTONI.

Et l'on voit tout cela à Paris?...

DUMONT.

Et bien d'autres choses encore...

ANTONI.

Que je serais content d'y aller!... Mon père, comme je
vous l'ai dit, était un ancien soldat français qui s'était fixé
en Italie après la bataille de Marengo; il m'avait toujours
promis de me mener dans sa patrie, dont il se plaisait à
me faire parler la langue. Mais, hélas! il est mort avant
d'avoir pu exécuter son dessein, et moi j'ai formé la résolution d'y aller aussitôt que j'en trouverais l'occasion.

DUMONT.

Tu feras bien, mon ami, très-bien. Mais, si tu veux
m'en croire, ne t'arrête nulle part sur ta route, et rends-
toi directement à Paris. Car, vois-tu, quand on n'a pas vu

Paris, on n'a rien vu... Paris, c'est la France,... c'est l'Europe,... c'est le monde entier... Aussitôt que tu seras arrivé dans cette ville, tu viendras me trouver ; je te promets de t'aider de mes conseils, de te faire faire de bonnes connaissances.

ANTONI.

Merci mille fois, monsieur Dumont, je n'y manquerai pas.

DUMONT.

Puis je te ferai voir les curiosités de Paris, les Tuileries, le Luxembourg, le palais de la Bourse; l'obélisque de Louqsor et la girafe, deux magnifiques productions de l'Afrique... puis je te conduirai au spectacle... nous visiterons les différents théâtres... As-tu jamais été au spectacle ?

ANTONI.

Non, jamais. Mon père m'en a parlé quelquefois, mais je ne m'en fais que difficilement une idée.

DUMONT.

Pauvre jeune homme! n'avoir pas encore été au spectacle à son âge! et dire qu'il y a peut-être dans le monde une foule de gens qui naissent, vivent et meurent sans avoir été une seule fois dans leur vie au spectacle!... En vérité, il faut voyager pour voir de ces choses-là, et on me l'aurait dit avant d'avoir quitté Paris que je ne l'aurais jamais cru.

ANTONI.

Comment c'est-il donc fait, Monsieur, un spectacle?

DUMONT.

Tiens, je vais t'expliquer cela... Figure-toi d'abord une vaste salle, avec des banquettes et des galeries en amphithéâtres... Tout cela est plein de monde du haut jusqu'en bas... Des personnes qui tiennent un rang honorable dans la société, des savants, des hommes de lettres, de jeunes étudiants, composent une partie de l'assemblée... Des dames en brillante toilette forment comme un parterre de fleurs... Plus près, c'est l'orchestre garni de musiciens,

dont quelques-uns jouissent d'une réputation européenne.
Voilà pour la salle... Comprends-tu?

ANTONI.

Oui, oui, je vois tout cela d'ici.

DUMONT.

Tout ce monde a les yeux fixés sur un seul point... c'est
le théâtre, caché au public par une toile. Au moment convenu cette toile se lève; et la scène représente... une forêt,
par exemple comme celle-ci. Alors la pièce commence...
Un jeune homme (écoute bien, car ceci est une scène de
l'un de mes drames qui a obtenu un très-beau succès sur
un théâtre bourgeois de Paris) un jeune homme, comme
je le disais, suivi d'un seul domestique, traverse cette
forêt; il se rend au château voisin pour épouser la fille du
seigneur. Il s'arrête un instant pour se reposer, descend
de son cheval, qu'il attache à un arbre, et tandis qu'il s'en-
tretient paisiblement avec son domestique, comme je le
fais en ce moment avec toi, des brigands, sortis de quelque
embuscade, s'avancent lentement par derrière, et leur
crient...

SCÈNE V

LES MÊMES, SACRIPANTI, FERRATO, *trois autres
voleurs.*

(*Les brigands commencent à sortir quand Dumont dit ces
mots:* un jeune homme comme je le disais; *et à l'instant
où il prononce:* et leur crient, *Sacripanti le saisit au
collet et dit:*)

SACRIPANTI.

Arrête!...

DUMONT, ANTONI, *effrayés.*

Ah! mon Dieu! ah! mon Dieu! Messieurs, ne me tuez pas!

SACRIPANTI.

Silence!...

DUMONT.

Monsieur, je vous en prie.

SACRIPANTI, *élevant la voix.*

Silence !...

DUMONT.

Monsieur.

SACRIPANTI, *en élevant la voix plus haut, et le menaçant
d'un pistolet.*

Silence, encore une fois, ou sinon... Avez-vous des
armes, l'un ou l'autre? Répondez... (*Ils se taisent.*) Répondez donc, ou sinon...

DUMONT ET ANTONI.

Non, Monsieur, non.

SACRIPANTI.

Vous allez être fouillés, et si vous avez fait une fausse
déclaration, prenez garde à vous.

DUMONT.

Non, je vous l'assure, nous n'avons point d'armes...
Mais, Monsieur, qu'allez-vous faire de nous?

SACRIPANTI.

Silence! je n'aime pas les questions. (*S'adressant à un
homme de sa suite.*) Barbarino, prends deux hommes avec
toi, et conduis ces prisonniers au château de la Roche-
Noire.

(*Dumont, au moment où les brigands se préparent à l'emmener avec Antoni, se retourne vers Sacripanti.*)

DUMONT.

Mais, Monsieur, permettez.

SACRIPANTI.

Silence donc !

(*Il regarde jusqu'à ce que les brigands et les prisonniers
aient disparu.*)

SCÈNE VI

SACRIPANTI, FERRATO.

SACRIPANTI.

Toi, Ferrato, tu vas rester avec moi jusqu'à l'arrivée du
capitaine.

FERRATO.

Avec plaisir, signor Sacripanti... Mais dites-moi, que pensez-vous, mon lieutenant, de cette expédition?

SACRIPANTI.

Moi, ce que je pense... je ne pense pas du tout... Quand le capitaine m'a donné un ordre, je ne me permets pas la moindre réflexion.

FERRATO.

Sans doute; mais quand on a reçu un ordre de faire ceci ou cela, encore est-on bien aise de savoir...

SACRIPANTI.

Eh bien, moi je ne cherche jamais à savoir... Vois-tu, Ferrato, je vais te faire une comparaison... Quand le sabre que je tiens à la main est lancé contre quelque chose, penses-tu qu'il réfléchisse?

FERRATO. .

Non sans doute.

SACRIPANTI.

Eh bien, je suis, moi, et nous devons être tous le sabre dans la main de notre digne capitaine le signor Baldini, et frapper quand il nous commande sans faire la moindre réflexion. Pour moi, s'il me l'ordonnait, je partirais demain pour aller attaquer le Grand-Turc ou l'empereur de la Chine.

FERRATO.

D'accord; je voulais seulement dire que l'expédition d'aujourd'hui ne me paraissait pas devoir être bien lucrative.

SACRIPANTI.

Et d'où te vient cette idée?

FERRATO.

C'est que j'ai jeté un coup d'œil sur les équipages des prisonniers, et ça n'a pas l'air bien garni de sonnettes.

SACRIPANTI.

Jacobo n'aurait pas engagé le capitaine à arrêter ces Français, s'il n'eût pensé que ce fût un beau coup à faire.

FERRATO.

C'est ce que je me suis déjà dit. Il faut avouer que c'est
un fameux homme que ce jacobo pour dépister les riches
voyageurs; mais ce qui me déplaît, c'est qu'il gagne plus
que nous, qui sommes toujours exposés au danger.

SACRIPANTI.

C'est assez l'ordinaire, mon cher Ferrato, même ailleurs
que dans les sociétés comme la nôtre.

FERRATO.

Eh bien, je vous dirai franchement, mon lieutenant,
que j'aime mieux être un simple bandit comme je le suis...
là... faisant mon métier en brave, obéissant à mes chefs,
que d'être un Jacobo.

SCRIPANTI.

Et tu as bien raison. Certainement un franc bandit est
bien au-dessus d'un hypocrite et d'un traître comme lui...
Mais silence... Voici le capitaine avec tout son monde.

SCÈNE VII

LES PRÉCÉDENTS, BALDINI, CHARLES, ÉDOUARD, SAINT-LÉON.

(*Baldini entre le premier, il est suivi de Charles, d'Édouard
et de Saint-Léon. Trois ou quatre bandits armés ferment
la marche.*)

BALDINI, *à Sacripanti.*

Avez-vous exécuté mes ordres?

SACRIPANTI.

Oui, mon capitaine; les deux prisonniers viennent
d'être envoyés au château.

BALDINI.

Ont-ils fait quelque résistance?

SACRIPANTI.

Non, capitaine,... doux comme des agneaux.

BALDINI.

C'est bien... (*Aux prisonniers.*) Messieurs, préparez-
vous à nous suivre.

SAINT-LÉON.

Nous sommes vos prisonniers, et nous ne pouvons qu'o-
béir. Mais nous serait-il permis de vous demander une
grâce ?... Nous désirerions ne pas être séparés.

BALDINI.

Vous ne le serez pas.

SAINT-LÉON.

Que sont devenus les deux hommes de notre suite?

BALDINI.

Vous les retrouverez au château de la Roche-Noire, où
nous allons nous rendre à l'instant.

ÉDOUARD.

Monsieur Baldini, votre intention est-elle de nous retenir longtemps prisonniers?

BALDINI.

Cela dépendra un peu de vous, Messieurs, et de mon
homme d'affaires qui sera chargé de traiter votre rançon.

CHARLES.

Et nos instruments, nos livres, nos crayons...

BALDINI.

Tout cela sera à votre disposition à votre arrivée au
château. Je vous l'ai dit en vous arrêtant, Messieurs, je
n'ai pas intention de vous maltraiter. Je ne veux exiger de
vous qu'un tribut, en ma qualité de seigneur de ces forêts;
et jusqu'à ce qu'il soit acquitté, vous serez traités du mieux
qu'il me sera possible, au château de la Roche-Noire...
J'ai quelques ordres à donner, et nous partirons dans un
instant.

(*Pendant qu'il donne des ordres à ses gens.*)

SAINT-LÉON.

O ma mère! quelle serait ta douleur si tu me savais dans
une pareille position!... Et moi qui me préparais à célébrer ta fête en ce jour!

ÉDOUARD.

Allons, Saint-Léon, du courage... Eh bien, nous voulions célébrer la fête de Mme de Saint-Léon dans la forêt
ou sur le haut des Apennins, qui nous empêchera de le

2*

faire dans la caverne,... je veux dire dans le château de ces Messieurs? Cela aura quelque chose de plus extraordinaire, de plus romantique, comme dirait Dumont... Allons, mes amis, surtout de la fermeté, et pas de chagrin.

SACRIPANTI, *s'approchant.*

Messieurs, le capitaine ordonne le départ. (*Ils sortent tous.*)

FIN DU DEUXIÈME ACTE.

ACTE TROISIÈME

Le théâtre représente l'intérieur d'une salle du château
de la Roche-Noire.

—

SCÈNE I

SAINT-LÉON, DUMONT.

DUMONT, *debout.*

Comment! ils exigent deux cent mille francs de rançon!

SAINT-LÉON, *assis à une table sur laquelle il écrit.*

Tout autant. Et ce n'est pas encore la perte de cette
somme qui m'afflige le plus; mais ma mère, ma pauvre
mère, que va-t-elle devenir quand elle apprendra que son
fils est prisonnier d'une troupe de brigands?

DUMONT.

Mais comment se fait-il que ce soit à vous qu'ils s'a-
dressent plutôt qu'à M. Charles ou à M. Édouard, qu'ils
ne connaissent pas plus que vous?

SAINT-LÉON.

Je crains bien, mon cher Dumont, que la question ne
t'attire un reproche que j'aurais voulu t'épargner...

DUMONT.

Quel reproche Monsieur peut-il donc m'adresser à ce
sujet?

SAINT-LÉON.

Tu as trop causé, mon pauvre Dumont, tu as trop causé,
et c'est toi qui leur as fait connaître que j'étais le comte
de Saint-Léon, et que j'avais de la fortune.

DUMONT.

Monsieur, je vous jure que je n'ai pas ouvert la bouche
à un seul de ces bandits depuis l'instant où ils m'ont
arrêté... Et m'entendre accuser de trahison!

SAINT-LÉON.

Fi donc ! Dumont, tu dois savoir qu'une pareille idée ne
peut entrer dans mon esprit. Je ne t'accuse que d'indiscrétion : n'as-tu pas parlé un peu trop légèrement ce matin avec M. Jacobo?

DUMONT.

Il est vrai que j'ai causé avec lui de choses et d'autres...
que je suis peut-être entré dans quelques détails ; mais
M. Jacobo est un brave homme, et je me connais trop bien
en physionomie pour m'être trompé.

SAINT-LÉON.

Et que dirais-tu de tes connaissances en physionomie, si
l'on t'apprenait que ce M. Jacobo n'est autre chose que l'a-
gent secret, l'homme d'affaires, le factotum de Baldini, et
que c'est d'après ta conversation avec lui que nous avons
été arrêtés?

DUMONT.

Pas possible, Monsieur,... jamais je ne pourrai croire...

SAINT-LÉON.

A l'instant même tu vas t'en convaincre, car je l'attends
ici avec Baldini pour régler nos conventions, et je suis
surpris qu'il ne soit pas encore arrivé... Mais le voici.

DUMONT.

A qui donc se fier, grand Dieu !...

SCÈNE II

SAINT-LÉON, DUMONT, JACOBO.

JACOBO *s'approche en faisant de grands saluts à Saint-Léon.*

Son Excellence monsignour le comte de Saint-Léon
veut-il bien me permettre de loui offrir les hommages res-
pectoueux de son très-oumilissimo servitor Jacobo Madelchini?

SAINT-LÉON, *sans se déranger.*

Tout à l'heure je suis à vous.

JACOBO.

Ah ! voilà notre respectable ami M. Doumont ; peut-on loui présenter ses saloutations ?

DUMONT, *avec humeur.*

Laissez-moi... Je vous connais maintenant.

JACOBO.

Z'en pouis dire autant de vous, monsieur Doumont.

DUMONT.

Vous êtes un sournois, un fourbe, un perfide, un Judas.

JACOBO.

Et moi ze pourrais en trois lettres vous dire ce que vous êtes.

DUMONT.

Maudit espion, va, dans le premier drame que je ferai, c'est toi que je prendrai pour modèle de mon rôle de traître.

JACOBO.

Et s'il vous faut oun rôle de niais, regardez dans votre miroir, et vous en aurez oun excellent modèle sous les yeux.

DUMONT, *avec colère.*

Scélérat !... je crois que tu oses m'insulter ; si je ne me retenais...

SAINT-LÉON.

Que veut dire ce bruit, Dumont ?... Laisse cet homme tranquille... ce n'est ni le moment ni le lieu convenables pour lui adresser des reproches... (*A Jacobo.*) Voyons, approchez, et terminons cette affaire.

JACOBO *en s'approchant recommence ses saluts.*

Votre Excellence veut-elle me permettre...?

SAINT-LÉON, *avec dépit.*

Laissez, laissez tous ces compliments, et allons au fait. D'abord, pourquoi Baldini n'est-il pas avec vous ?

JACOBO.

Baldini !... il est avec les autres : toute la troupe, capitaine, lieutenant, soldats, sont rangés sur l'esplanade, autour de vos amis, qui font de la mousique.

SAINT-LÉON.

J'espère qu'on ne les contrarie pas.

JACOBO.

Les contrarier !... vous ne connaissez guère les Italiens ;
ils se passeront de boire et de manzer pour entendre de la
mousique ; et zouzez quel effet cela a doû prodouire sour la
troupe de Baldini, qui n'en entend pas souvent, et sour-
tout de pareille. C'est courieux de les voir ! ils sautent, ils
dansent, ils font des contorsions... Enfin ze n'ai pou arra-
cher de là Baldini loui-même, qui est aussi avide de mousique que les autres... Dou reste nous n'avons pas besoin
de loui pour terminer cette affaire ; z'ai plein pouvoir de
sa part.

SAINT-LÉON.

Je n'aurais pas été fâché de le voir lui-même ; car ses
prétentions sont si exagérées, qu'il aurait sans doute consenti à quelque diminution.

JACOBO.

Impossible, Monsieur le comte, impossible... Comptons oun peu, et vous avouerez vous-même que ce n'est
qu'oune batagelle... Cinquante mille francs sacoun de vos
amis : ne valent-ils pas cela ?

SAINT-LÉON, *avec sentiment.*

Ils valent mieux que tout l'or du monde !...

JACOBO.

Vous voyez donc que c'est être bien raisonnable que de
ne les porter qu'à cinquante mille francs ; mais nous avons
de la conscience... Et vous, Monsieur le comte, si vos
amis valent cinquante mille francs sacoun, c'est presque
vous faire inzoure que de ne vous porter qu'à cent mille
francs, car vous valez au moins dix fois plous qu'eux.

SAINT-LÉON, *à part.*

Quel impudent coquin !...

JACOBO.

Et nous vous donnons M. Dumont pour rien... Vous
voyez que sacoun de vous est encore estimé au-dessous
de sa véritable valeur.

DUMONT.

Insolent !

SAINT-LÉON.

Paix !... Pas tant de verbiage, monsieur Jacobo, et finis-
sons-en. Je consens à payer les deux cent mille francs;
mais n'y aurait-il pas moyen d'abréger notre captivité, et
surtout que ma mère n'en soit pas instruite avant notre
élargissement?

JACOBO.

Cela pourra s'arranzer, Monsieur le comte. Moyennant
oun petit escompte sour les traites, ze me sarze de vous
les faire négocier le plous tôt possible. Vous n'avez qu'à
les écrire d'après le modèle que vous avez sous les yeux.

SCÈNE III

LES PRÉCÉDENTS, ÉDOUARD.

ÉDOUARD, *entrant avec précipitation.*
Bonne nouvelle, mon ami, bonne nouvelle !

SAINT-LÉON.

Que veux-tu dire ?

ÉDOUARD.

De quoi t'occupes-tu là?

SAINT-LÉON.

De régler notre rançon.

ÉDOUARD.

Notre rançon !... elle est payée; nous sommes libres.

JACOBO.

Comment payée? et par qui? et l'on ne m'a pas appelé
pour vérifier la somme !

ÉDOUARD.

Ce n'était pas fort nécessaire, car Charles et moi nous
avons soldé cette somme avec de la musique.

SAINT-LÉON.

Avec de la musique !... je ne te comprends pas... Ex-
plique-toi donc.

ÉDOUARD *prend une chaise et se place auprès de la table où est Saint-Léon; Dumont se rapproche pour les écouter.*
Je vais te conter cela.

JACOBO, *à part.*

Oh ! ze devine de quoi il est question... Baldini aura fait quelque sottise, allons tâcer d'y porter remède. (*Il sort furtivement.*)

SCÈNE IV

SAINT-LÉON, ÉDOUARD, DUMONT.

ÉDOUARD, *continuant.*

Tu sais que nous étions sortis, Charles et moi, pour répéter ensemble les morceaux que nous voulions jouer à l'occasion de la fête de ta mère?

SAINT-LÉON.

Oui.

ÉDOUARD.

A peine avons-nous commencé à jouer, que toute la troupe est venue nous entourer avec un air de curiosité qui a bientôt fait place à la surprise, à la joie, au ravissement. Baldini, qui, je t'assure, annonce des sentiments qu'on ne s'attendrait pas à trouver dans un chef de brigands, Baldini a profité de l'occasion pour demander à ses gens notre liberté sans rançon. Tous, d'une voix unanime, y ont consenti. Baldini et Charles arrivent sur mes pas; je les ai précédés pour t'annoncer cette heureuse nouvelle.

SAINT-LÉON.

Ce que tu me dis là est fort extraordinaire; et si je n'étais convaincu que dans la position où nous nous trouvons tu ne te permettrais pas une pareille plaisanterie, j'aurais bien de la peine à te croire.

ÉDOUARD.

Voici deux autres témoins qui vont te le confirmer.

SCÈNE V

LES PRÉCÉDÉNTS, CHARLES, BALDINI.

CHARLES.

Venez, généreux Baldini, recevoir de notre ami Saint-
Léon les remercîments que mérite votre action ; car c'est
à vous seul que nous devons la résolution prise par vos gens.

BALDINI.

Messieurs, vous ne me devez rien... Je suis assez payé
par le plaisir que j'éprouve ; mais mes gens ont mis une
condition à votre liberté, c'est de nous faire entendre encore avant de nous quitter, cette musique ravissante qui
a produit sur moi une si vive impression.

SAINT-LÉON.

Nous aurions bien mauvaise grâce à leur refuser une
telle demande, et il nous sera d'autant plus facile de la
leur accorder, que voici bientôt l'heure à laquelle nous
devions célébrer une fête.

BALDINI.

Je sais ce que vous voulez dire ; vos amis m'ont expliqué
votre projet. Eh bien, si vous le permettez, mes gens seront enchantés de participer à cette fête ; car ils aiment la
danse autant que la musique, et tandis que mademoiselle
votre sœur réunira la plus brillante société dans les salons
de votre hôtel, vous, vous célébrerez la même fête au
milieu d'une troupe de bandits des Apennins.

ÉDOUARD.

Au fait le contraste sera assez piquant, et je veux m'a-
muser à dessiner ce tableau.

BALDINI.

Tout le monde sera content, excepté peut-être Jacobo...
Mais où est-il donc, Jacobo ? Je le croyais avec vous, monsieur de Saint-Léon.

SAINT-LÉON, *regarde de tous côtés.*

Il était ici il n'y a qu'un instant, je ne l'ai pas vu sortir :
et toi, Dumont ?

DUMONT.

Ni moi non plus, j'étais tout occupé de la bonne nouvelle que nous apportait M. Édouard, et pendant ce temps-là Jacobo a disparu comme une ombre.

SCÈNE VI

LES PRÉCÉDENTS, ANTONI.

ANTONI, *accourant*.

Oh! Messieurs, quelle mauvaise nouvelle! voilà M. Jacobo qui vient de défaire tout ce qu'avait fait M. Baldini.

BALDINI.

Comment! qu'à donc fait Jacobo?

ANTONI.

Il a dit à la troupe qu'ils étaient des imbéciles de perdre une si belle occasion, qu'il y avait parmi les prisonniers un comte de Saint-Léon qui était immensément riche, et qui consentait à payer une forte rançon.

BALDINI.

Le scélérat!... Ce sont bien là ses traits... Et qu'ont répondu mes gens?

ANTONI.

Oh! Monsieur, il y a eu un tumulte, un brouhaha terrible, et je suis venu ici vous l'annoncer; mais voici M. Sacripanti qui vous expliquera cela mieux que moi.

SCÈNE VII

LES PRÉCÉDENTS, SACRIPANTI.

BALDINI.

Qu'apprends-je là, Sacripanti? Il paraît que déjà vous avez oublié la promesse que vous avez faite il n'y a qu'un instant, et que l'on ne veut plus rendre la liberté à nos prisonniers?

SACRIPANTI.

Pardon, mon capitaine, il ne faut pas dire *vous*, car moi je ne connais qu'une couleur : c'est l'obéissance.

BALDINI.

C'est vrai, et tu m'as plus d'une fois donné des preuves du plus grand dévouement. Comment as-tu donc fait dans cette occasion pour ne pas t'opposer à leur projet?

SACRIPANTI.

Pardon, mon capitaine, j'ai fait tout ce qu'il était possible de faire; mais à mesure que je parvenais à raccommoder les choses, Jacobo brouillait de nouveau toutes les cartes. Enfin je me suis mis dans une telle colère que j'ai senti les poils de ma moustache se hérisser... quoi! Si dans ce moment j'en avais eu la permission, j'aurais sabré toute cette canaille... Voulez-vous m'en donner l'ordre, mon capitaine? je vais les sabrer tous, en commençant par Jacobo.

BALDINI.

Cela n'est pas nécessaire; mais à quoi se sont-ils définitivement arrêtés?

SACRIPANTI.

Sur mes observations et malgré Jacobo, ils ont fini par décider qu'ils laisseraient libres les deux artistes, et qu'ils retiendraient M. le comte de Saint-Léon... Et ils m'ont chargé de vous faire part de cet arrangement.

SAINT-LÉON.

Ah! je respire!... Au moins, mes amis, vous voilà libres. Hâtez-vous de profiter de la bonne disposition de ces gens, qui pourraient encore... Partez, mes amis, je supporterai avec plus de patience ma captivité.

CHARLES.

Comment, Saint-Léon, peut-tu penser que nous t'abandonnions ici?

ÉDOUARD.

Plutôt mourir que de te quitter.

SAINT-LÉON.

Mes amis, je vous en conjure...

ÉDOUARD.

Non, non, c'est inutile. (Se tournant vers Baldini et Sacripanti.) Allez dire à vos gens que nous ne voulons point être séparés de notre ami, et qu'heureux ou malheureux, nous avons juré de partager son sort.

BALDINI.

Terminons ce débat... Messieurs, je vous ai donné ma parole que vous serez rendus tous trois à la liberté aujourd'hui même ; je tiendrai ma promesse, ou je me ferai tuer. (*A Sacripanti.*) Va chercher Jacobo, et amène-le ici sur-le-champ.

SACRIPANTI.

Suffit, mon capitaine... je vais vous l'amener mort ou vif.

SCÈNE VIII

SAINT-LÉON, ÉDOUARD, CHARLES, BALDINI, DUMONT, ANTONI.

SAINT-LÉON.

Baldini, nous rendons justice à vos efforts, et nous vous avons la même obligation que si déjà ils étaient couronnés de succès ; mais dans une troupe comme la vôtre il doit se trouver bon nombre de mauvaises têtes ; agissez donc avec prudence, car nous serions au désespoir qu'à cause de nous il vous arrivât quelque malheur.

BALDINI.

Messieurs, laissez-moi faire ; je sais de quelle manière je dois m'y prendre avec ces hommes grossiers, mais simples. Le plus difficile à gagner sera Jacobo, avec lui il n'y a qu'un moyen, et je saurai l'employer au besoin... Pendant que Jacobo sera ici, il serait bon que quelqu'un se rendît au haut de la tour du nord, afin de surveiller de là et d'observer ce que peut faire la troupe.

SAINT-LÉON.

Voilà Dumont qui peut bien facilement vous rendre ce service.

DUMONT.

Bien volontiers ; mais comme quatre yeux voient mieux que deux, voudriez-vous permettre à Antoni de m'accompagner ?

SAINT-LÉON.

Je le veux bien.

BALDINI.

Prenez cette clef, qui vous ouvrira la porte de la tour.

(*Ils sortent.*)

SCÈNE IX

SAINT-LÉON, ÉDOUARD, CHARLES, BALDINI, SACRIPANTI, JACOBO.

JACOBO, *en entrant et saluant.*

On m'a dit que le signor Baldini désirait me parler...
Messieurs, z'ai bien l'honneur d'être votre très-oumilissimo servitor. (*Les jeunes gens lui tournent le dos.*)

BALDINI.

Sacripanti, reste à cette porte, et empêche qui que ce
soit d'entrer.

SACRIPANTI.

Suffit, mon capitaine.

BALDINI, *emmenant Jacobo du côté opposé à celui où se
trouvent les jeunes gens, qui parlent bas ensemble et
écoutent la conversation de Baldini et de Jacobo.*

Viens ici, viens, scélérat. De quel droit, réponds-moi,
te permets-tu de t'opposer à mes volontés et de soulever
ma troupe contre moi?... Si je te rendais bonne justice,
ce poignard devrait récompenser une telle action, mais
réponds donc, qui t'a poussé à cela?... Parle...

JACOBO.

Ah! signor Baldini, vous vous fâcez mal à propos, et
c'est montrer bien peu de reconnaissance pour oun service
que z'ai voulu vous rendre.

BALDINI.

Tu appelles cela un service, misérable, d'exciter la ré-
bellion parmi mes gens!

JACOBO.

Ne vous emportez pas, signor, ne vous emportez pas, et
daignez au moins écouter mes raisons.

BALDINI.

Expliqué-toi donc.

JACOBO.

Ze vous avoue que ze n'ai pas vou sans sagrin que, s'é-
douit par quelques morceaux de mousique, vous alliez
laisser éçapper ounc occasion si favorable de gagner oune
grosse somme. Moi qui ne souis sensible qu'à oune seule
espèce d'harmonie, celle que font entendre de bonnes
pièces d'or ou d'arzent que l'on compte, ze me souis dit
en moi-même : il n'y a qu'oun seul moyen d'empêcher
le signor Baldini de faire cette folie ; et s'il se fâce oun peu
d'abord, plous tard il m'en saura gré.

BALDINI.

Ame vile, âme de boue! non, je ne suis pas encore descendu aussi bas que toi dans les degrés du crime... Non,
jamais je ne recevrai cette rançon ; j'ai donné ma parole,
et je la tiendrai.

JACOBO.

Libre à vous, signor, libre à vous ; mais vos zens, pourquoi les froustrer de leur part de prise.

BALDINI.

Eh! sans toi, mes gens auraient-ils su que Saint-Léon est
riche, et que nous étions convenus d'une rançon?

JACOBO.

D'accord... Mais... c'est que... il y a encore quelqu'oun
qui ne serait pas fâcé de toucer ce qui doit loui revenir
dans cette affaire.

BALDINI.

Ah! j'y suis, j'y suis; et ce quelqu'un là, ne serait-ce pas
le signor Jacobo?

JACOBO.

Ze vous l'avoue en toute oumilité.

BALDINI.

Et voilà donc la véritable cause de ce service signalé
que tu voulais rendre à ma troupe et à moi ! (*A part.*
Bon... Je sais maintenant la manière de le gagner.) Et
quelle était la somme qui devait te revenir?

JACOBO.

Vous savez bien, signor, que vous m'accordez touzours le houitième de vos prises, ce qui fait pour celle-ci vingt-cinq mille francs. Pouis z'aurais gagné au moins cinq mille francs sour l'escompte des traites, correspondances, çanges et reçanges, etc., ce qui m'aurait fait oune petite somme de trente mille francs, dont z'ai le plous grand besoin.

BALDINI.

Toi, tu as besoin d'argent!... Oui, comme un hydropique a besoin toujours de boire, sans doute!

JACOBO.

C'est que cela aurait arrondi oune somme que z'ai cez mo, et z'aurais pou aceter la villa du cavaliere Corsini, qui me l'offre en paiement d'oune petite somme que ze loui ai prêtée.

BALDINI.

Oui, je comprends: c'est encore pour achever de ruiner quelque malheureux... Cela t'aurait valu trente mille francs, dis-tu?

JACOBO.

Au moins, signor.

BALDINI.

Eh bien, écoute, je vais te compter cette somme, à condition que tu iras à l'instant même trouver la troupe, et que tu démentiras tout ce que tu leur as dit tout à l'heure.

JACOBO.

Mais ils ne voudront pas me croire.

BALDINI.

Je me charge du reste.

JACOBO.

En ce cas, signor, il n'est rien que ze ne sois prêt à faire pour vous oblizer, et pour rendre service à ces zeunes zentilshommes.

BALDINI *s'approche d'un coffre, l'ouvre et en tire un sac.*

Tiens, voilà ce que je t'ai promis... Mais songe à exécu-

ter mes ordres : d'ailleurs Sacripanti aura l'œil sur toi ;
ainsi prends garde... Sacripanti, approche. *(Il lui donne
des ordres à voix basse.)*

JACOBO, *après avoir contemplé un instant le sac,*
l'entr'ouvre, le soupèse et dit :

On a bien quelques petits désagréments de temps en
temps dans le métier que zé fais, mais voici qui console
de bien des injoures et de bien des menaces.

SACRIPANTI, *répondant à Baldini.*

Suffit, mon capitaine... *(A Jacobo.)* Allons, monsieur
Jacobo, partons, et marchez droit, ou sinon...

SCÈNE X

SAINT-LÉON, ÉDOUARD, CHARLES, BALDINI.

SAINT-LÉON.

Nous n'avons pas voulu vous interrompre pendant votre
conversation avec Jacobo, mais nous admirons de plus en
plus votre conduite généreuse. Nous nous empresserons de
vous dédommager bientôt du sacrifice que vous venez de
faire en notre faveur ; en attendant, vous pouvez compter
sur toute notre reconnaissance.

BALDINI.

Ne parlez, Messieurs, ni de reconnaissance, ni de dé-
dommagement. Il est une autre récompense qui me flatte-
rait bien davantage, une récompense qui ferait battre
mon cœur du bonheur le plus pur ; mais hélas ! ce n'est
qu'un rêve trompeur, et je sais trop bien que je ne puis
y prétendre.

SAINT-LÉON.

Et, sans savoir ce que vous désirez, pourquoi n'y pourriez-vous pas prétendre ? Doutez-vous de l'étendue de
notre reconnaissance ?

BALDINI.

Non, Messieurs, non, je n'en doute pas... je suis persuadé que votre cœur est généreux, noble, élevé, acces-
sible en un mot à toutes les vertus ; et c'est là précisé-

ment ce qui m'empêche de vous demander la seule chose
que je désire de vous... une part dans votre estime.

CHARLES, *s'adressant à Édouard.*

Je suis ému jusqu'aux larmes.

ÉDOUARD, *à Charles.*

Il y a de l'espoir de ramener un tel homme à la vertu.
Son cœur ne fut qu'égaré, il n'est pas entièrement cor-
rompu.

SAINT-LÉON.

Baldini, un tel désir vous honore à nos yeux, et vous
fait faire un grand pas vers cette estime à laquelle vous paraissez attacher quelque prix ; mais il vous reste un moyen
de l'obtenir complète, sans réserve, et avec elle notre
amitié.

BALDINI, *avec feu et sentiment.*

Comment! Messieurs, moi un proscrit, un infâme, un
homme rejeté de la société, et qui ne pourrait y rentrer
que pour subir le juste châtiment que ses crimes ont mé-
rité, moi devenir votre ami!... Ah! Messieurs, je vous en
prie, ne me flattez pas d'une espérance qu'un élan de votre
cœur généreux a pu me donner, et qu'un peu de réflexion
m'enlèvera bientôt!...

SAINT-LÉON.

Je le répète, Baldini, vous pouvez devenir notre ami, et
pour cela vous n'avez qu'une chose à faire... Quittez dès
aujourd'hui, à l'instant même, le métier que vous exercez;
rentrez dans le sentier de l'honneur et de la vertu. Je sais
qu'il vous serait difficile de vivre en Italie... Passez en
France, je vous en fournirai les moyens. Là, nous vous
procurerons de quoi gagner, par vos talents ou votre travail, une existence honorable ; nous vous aiderons de nos
conseils, de nos efforts, et si, comme j'en conçois la douce
espérance, vous répondez à ce que nous attendons de vous,
vous jouirez bientôt de notre confiance, de notre estime et
de notre amitié... Répondez, acceptez-vous ma proposition?

CHARLES (*qui parlait bas à Édouard*).

Saint-Léon, tu as dignement exprimé nos sentiments... Répondez, Baldini, acceptez-vous ce que vous offre Saint-Léon, et voulez-vous que nous soyons tous amis?...

BALDINI, *avec transport*.

Non, vous n'êtes pas des hommes!... vous êtes sans doute des anges que le Ciel, dans sa miséricorde, a envoyés auprès de moi pour me retirer de mes égarements... (*Il se jette à genoux.*) Ah! dites-moi, pour toute grâce, que mes crimes me sont pardonnés.

SAINT-LÉON, *avec émotion*.

Un tel repentir touche sans doute le Ciel et doit les effacer tous!... Relevez-vous, Baldini, et embrassez vos amis.

(*Saint-Léon se précipite dans ses bras; Charles et Édouard l'embrassent successivement.*)

BALDINI, *après quelques instants de silence*.

Non, non, jamais je n'ai goûté un pareil bonheur... Oh! si c'est là le plaisir que donne la vertu, comment peut-on lui préférer les fausses joies du crime!... Mes amis, puisque vous me permettez de vous donner ce nom, je renonce à ma vie passée, je pars avec vous et j'irai me fixer en France... Si dans ce pays il se trouve un grand nombre de jeunes gens qui vous ressemblent, un brillant avenir de bonheur et de gloire est encore réservé à votre belle patrie.

ÉDOUARD.

Voilà un épisode de notre voyage en Italie dont le souvenir ne s'effacera jamais de ma mémoire.

CHARLES.

Allons c'est décidé, nous partons tous ensemble.

SAINT-LÉON.

Mais vous oubliez, mes amis, que nous ne sommes pas encore libres.

BALDINI.

Vous me rappelez que j'ai encore à remplir, pour la dernière fois, les odieuses fonctions de chef de brigands; mais il le faut, et pour votre sûreté et pour l'exécution de mon projet, que ces gens ne doivent pas soupçonner.

SCÈNE XI

LES PRÉCÉDENTS, DUMONT ET ANTONI *arrivant*
avec empressement.

DUMONT.

Voici toute la troupe qui arrive avec Sacripanti et Jacobo
en tête.

SAINT-LÉON.

Paraissent-ils agités, en désordre?

DUMONT.

Je vous avouerai, Monsieur, que je n'ai pas vu grand'-
chose, car lorsque je suis arrivé au haut de la tour, il y en a
un qui m'a mis en joue avec un long fusil en criant : « Des-
cends de là-haut, grand télégraphe, ou je t'aurai bientôt
descendu, moi! » Et je ne me le suis pas fait dire deux fois.

ÉDOUARD.

Et toi, Antoni, as-tu mieux observé ce qui se passait?

ANTONI.

Oh! Messieurs, pour moi, je n'ai rien pu voir du tout,
parce que... Mais je les entends qui arrivent.

ÉDOUARD.

Il faut avouer que nous avions là des sentinelles bien vi-
gilantes.

SCÈNE XII ET DERNIÈRE

LES PRÉCÉDENTS, SACRIPANTI, JACOBO,
TOUTE LA TROUPE DE BRIGANDS.

BALDINI, *à Sacripanti.*

Fais ranger la troupe de ce côté, et qu'on fasse silence.

SACRIPANTI.

Silence dans les rangs!...

BALDINI, *prenant Sacripanti à part.*

Eh bien! paraissent-ils mieux disposés?

SACRIPANTI.

Il y a bien encore quelques récalcitrants; mais laissez-moi faire, je vais leur dire deux mots et les prendre par les sentiments... (*S'adressant à la troupe.*) Silence dans les rangs !... Enfants, mon capitaine vous a fait venir pour délibérer ensemble sur une affaire importante. Chacun de vous pourra donner librement son suffrage; mais si quelqu'un s'avise de ne pas être de l'avis du capitaine, je lui brûle la cervelle.

JACOBO, *à part.*

Quelle liberté !

ÉDOUARD.

Excellent moyen pour obtenir des suffrages unanimes.

BALDINI.

Pas de menaces, Sacripanti ; ces hommes sont raisonnables, et nous serons bientôt d'accord. (*S'adressant à la troupe.*) Camarades, depuis que nous sommes ensemble, pouvez-vous me reprocher d'avoir une seule fois manqué à mes promesses?

TOUS ENSEMBLE.

Non, non !

BALDINI.

Et moi, je puis dire aussi que jamais vous n'avez manqué aux vôtres. J'espère que vous ne commencerez pas aujourd'hui, et que vous tiendrez vos engagements envers ces artistes français, surtout à présent que Jacobo vous a détrompés.

FERRATO.

Mais permettez-moi, capitaine, de vous faire observer que Jacobo est un fourbe, un menteur, un homme sans foi, et qu'on ne peut se fier à ce qu'il dit. Ainsi, il nous a promis cent mille francs pour notre part de cette expédition; après cela, il nous a dit blanc, puis il nous a dit noir... Et voilà...

BALDINI.

En ce cas, j'entrevois un moyen de tout concilier, et qui, je n'en doute pas, sera approuvé de vous tous. Écoutez bien.

SACRIPANTI.

Silence !...

BALDINI.

Moi, je n'ai pris avec vous aucun engagement au sujet de cette expédition. Nous avons tous ensemble donné notre parole de rendre à ces messieurs leur liberté sans rançon ; Jacobo, lui seul, vous a promis cent mille francs de cette opération : eh bien ! que chacun tienne les promesses qu'il a faites. Ces jeunes gens seront libres, et Jacobo vous paiera la somme qu'il vous a fait espérer.

TOUS LES BRIGANDS.

Bravo ! bravo ! bravo !

JACOBO, *troublé.*

Signor Baldini, que dites-vous-là ? que dites-vous ?... Mais c'est oune plaisanterie, n'est-ce pas ?

BALDINI, *d'un ton grave.*

Vous savez que je ne plaisante jamais.

SACRIPANTI.

Capitaine, qu'allons-nous faire de Jacobo ?

BALDINI.

Comme je n'ai rien à prétendre sur la somme qu'il vous a promise, cela ne me regarde pas ; ainsi faites-en ce que vous voudrez.

SACRIPANTI.

En ce cas, Ferrato et Barbarino, conduisez cet homme dans la tour du Nord, où il restera jusqu'à ce qu'il ait rempli sa promesse.

(*Ferrato et Barbarino sortent des rangs pour s'emparer de Jacobo.*)

JACOBO.

Mais vous voulez donc m'arracer la vie !...

SACRIPANTI.

Non, on n'en veut qu'à ton argent.

JACOBO.

Eh ! n'est ce pas la même soze... (*S'approchant de Baldini.*) Mais, signor Baldini, sonzez donc combien vous m'avez d'obligations... Avez-vous oublié...?

BALDINI.

Oui... je sais que je te dois le poste honorable que j'oc-
cupe en ce moment... (*Le prenant à part.*) Jacobo, désormais tout est terminé entre nous... Entendez-vous?

JACOBO, *voyant approcher Ferrato et Barbarino.*

Ah! grâce, mes bons amis... (*Se tournant vers les jeunes
gens.*) Grâce pour moi, monsieur le comte de Saint-Léon,
monsieur Charles, monsieur Édouard, et vous, mon bon
monsieur Doumont, demandez grâce pour moi, ze vous en
conzoure.

DUMONT.

Moi, demander grâce pour toi!... Ce serait vraiment
dommage; ce qui t'arrive aujourd'hui, tu l'as bien légiti-
mement gagné, et c'est peut-être la première fois de ta
vie qu'on peut dire de toi : Il ne l'a pas volé.

(*Les brigands l'emmènent.*)

BALDINI.

Camarades, je vous préviens que je vais accompagner
moi-même ces Messieurs, afin qu'il ne leur arrive aucun accident. Jusqu'à mon retour, le lieutenant exercera toute
mon autorité... Sacripanti, j'ai quelques instructions à te
donner. (*Il le prend à part et lui parle à voix basse. Pendant
ce temps-là, Saint-Léon met en ordre les papiers laissés épars
sur la table.*)

DUMONT, *s'adressant à Charles et à Édouard.*

Messieurs, qu'entends-je ?... C'est Baldini qui parle de
nous accompagner ?

CHARLES.

Eh bien ! qu'y a-t-il d'étonnant?

DUMONT.

Ah! Messieurs, pouvez-vous vous fier à un homme qui a
une pareille physionomie?

ÉDOUARD.

Je vous conseille, mon cher Dumont, de parler encore
de physionomie, après ce qui vous est arrivé aujourd'hui.

FERRATO, *accourant.*

Voilà un sac plein d'or que nous avons trouvé sur Jacobo. Quand je le lui ai enlevé, il a fait une grimace, mais une grimace, comme si on lui eût arraché l'âme.

BALDINI.

Je sais ce que c'est que cet argent. Il doit s'y trouver trente mille francs, qui feront un à-compte sur ce que vous doit Jacobo... Rendez-vous à l'esplanade, où l'on vous fera la distribution de cette somme ; le reste de la journée se passera en réjouissances. Vous danserez au son de la musique de ces Messieurs, qui ont consenti, comme vous en avez témoigné le désir, à se faire entendre avant leur départ.

TOUTE LA TROUPE.

Bravo ! bravo !   (Ils partent.)

BALDINI.

Quand il vous plaira, Messieurs, nous nous rendrons aussi à l'esplanade... Mme de Saint-Léon sera peu flattée sans doute en apprenant que son fils aura célébré sa fête en une telle compagnie?

SAINT-LÉON.

Rien, au contraire, ne sera plus flatteur pour elle que d'apprendre que cette fête a été une occasion de ramener un cœur à la vertu.

FIN DU TROISIÈME ET DERNIER ACTE.

LA

FÊTE INTERROMPUE

DRAME EN DEUX ACTES ET EN PROSE

PERSONNAGES.

—

Le comte de LIESTENACHT.
GUSTAVE, son fils.
FRÉDÉRIC.
Le GRAND PRÉVOT.
TRIKMAN, bailli.
CALAMUS, maître d'école.
FRANTZ, hussard au service de Gustave.
Maître PIERRE, fermier.
BEAUMÉ, huissier.
Douaniers, Gardes, Paysans.

La scène est au château de Liestenacht.

LA

FÊTE INTERROMPUE

ACTE PREMIER

Au lever de la toile les villageois chantent le chœur des *Deux Nuits* commençant par ces mots : *La belle nuit, la belle fête.*

—

SCÈNE PREMIÈRE.

GUSTAVE, TRIKMAN, Maître CALAMUS, villageois
CHANTANTS.

TRIKMAN *à M. Gustave, quand les villageois ont fini de chanter.*

Eh bien ! qu'en pensez-vous, monsieur Gustave ? Comment trouvez-vous notre musique ? J'espère que la fête de Monseigneur votre père sera complète...

GUSTAVE.

Mon père sera très-content, sans doute ; mais moins de pompe, moins d'apprêts, l'auraient également satisfait ; car ce qu'il aime surtout c'est l'hommage des cœurs, et sous ce rapport il n'a rien à désirer ici.

TRIKMAN.

Certainement, et l'on peut dire qu'en ce jour les cœurs sont encore plus d'accord que les voix.

GUSTAVE.

Il ne faut pas retenir plus longtemps ces braves gens... (*S'adressant aux paysans.*) Mes amis, je puis vous assurer d'avance de tout le plaisir qu'aura mon père à vous entendre, si j'en juge par celui que je viens d'éprouver à votre répétition... Je ne vous dis pas adieu... A ce soir.

TRIKMAN.

Retirez-vous, et retrouvez-vous ici à l'arrivée de Monseigneur, qui sera annoncée par une salve d'artillerie. (*Les paysans sortent.*) Maître Calamus, reconduisez vos enfants à l'école, et donnez-leur congé pour ce soir ; vous viendrez ensuite me rejoindre. Je vous attends ici.

MAÎTRE CALAMUS.

Sufficit, monsieur Trickman ; mais, avec votre permission, souffrez que je présente mes hommages à M. Gustave, que je n'ai pas vu depuis son retour. Il n'a pas oublié sans doute que c'est moi qui lui ai donné les premières leçons de latin, *scientiarum rudimenta.*

GUSTAVE.

Non, mon bon monsieur Calamus, non, je ne l'ai pas oublié, et je serais allé déjà vous visiter si j'avais eu un moment à ma disposition ; mais je m'en dédommagerai plus tard, je vous le promets.

MAÎTRE CALAMUS.

Gratias ago bien sincèrement, monsieur Gustave. Quand vous nous ferez cet honneur, nous marquerons ce beau jour *albo lapillo,* c'est-à-dire avec de la craie blanche sur l'ardoise de l'école. (*S'adressant à ses élèves.*) Allons, prenez vos rangs,... saluez en passant M. le baron Gustave... Eh bien ! petits marmots, je crois que vous causez... (*Levant sa férule.*) *Quos ego,* c'est-à-dire gare à la férule !

TRIKMAN, *à maître Calamus qui s'en va.*

N'oubliez pas de revenir tout à l'heure et de m'apporter du papier ; j'ai besoin de vous pour écrire le programme général de la fête.

MAÎTRE CALAMUS.

Sufficit iterum atque iterum, monsieur Trikman : c'est-à-dire je n'y manquerai pas. (*Il sort.*)

SCÈNE II

GUSTAVE, TRIKMAN.

TRIKMAN.

Est-il ennuyeux avec son latin !

GUSTAVE.

Pour moi, loin de m'ennuyer, il m'amuse beaucoup,
parce que chez lui ce n'est ni prétention, ni pédantisme :
c'est naïveté, c'est simplicité, c'est bonhomie. Sa manière
de s'exprimer lui paraît toute naturelle, et il ne s'imagine
pas qu'il ne soit pas compris de tout le monde. Du reste,
c'est le meilleur homme du monde, et si son esprit a
quelques petits travers, son cœur a des qualités essen-
tielles.

TRIKMAN.

Oui, j'en conviens ; mais ça n'a pas de tête ; ça sait bien
écrire, parfaitement calculer, du latin comme Cicéron, la
musique et le plain-chant comme le premier venu ; mais
ça ne saurait pas seulement capable d'organiser un dîner
de six couverts à deux services. Jugez, s'il eût été obligé
comme moi de tout préparer pour la fête de demain, sans
compter que cela ne m'a dérangé en rien de mes autres
fonctions.

GUSTAVE.

Je conviens que vous avez dû avoir un furieux casse-
tête ; mais aussi pourquoi vous donner tant de peines ?
Mon père, je vous l'ai déjà dit, se serait contenté d'une
réception plus simple.

TRIKMAN.

D'abord, pour de la peine je n'en ai pas eu beaucoup,
parce que, quand on a une tête organisée comme la mienne,
les travaux les plus compliqués ne sont que des jeux d'enfant ; ensuite j'étais bien aise de donner à Monseigneur un
échantillon de mon savoir-faire, ainsi qu'à vous, monsieur
le baron.

GUSTAVE.

Cependant vos triples fonctions de bailli du comté, de
docteur de village, et d'inspecteur et artiste vétérinaire
du haras du château devraient vous occuper passablement.

TRIKMAN.

Bagatelles que cela, monsieur le baron... D'abord le
bailliage, dans les temps ordinaires, ne donne pas deux

affaires par mois. La médecine pourrait m'occuper et me rapporter assez si mes malades voulaient guérir, mais il existe un ancien usage dans ce pays, usage que Monseigneur votre père a encore confirmé, malgré mes observations: c'est que l'on ne doit d'honoraires au docteur que pour les malades qui guérissent, et vous concevez que cela me fait un tort considérable.

GUSTAVE, *souriant.*

Oui, oui, je le conçois sans peine.

TRIKMAN.

Quant aux haras, c'est une pure plaisanterie. Tous les meilleurs chevaux de Monseigneur sont au régiment, et il ne reste dans les écuries que quatre ou cinq invalides qui ne valent pas même les soins que leur donne un palefrenier. J'ai, il est vrai, les bestiaux des fermiers, et il y a quatorze fermes dans le comté; mais il en est de cela comme des malades, je ne suis payé qu'après guérison.

GUSTAVE.

Dans tout cela je vois que vous êtes fort heureux, monsieur Trikman, de cumuler trois places qui sont de véritables sinécures, tandis qu'il y a tant de gens qui voudraient en trouver une seule où il y eût beaucoup à travailler.

TRIKMAN.

Mais c'est précisément ce dont je me plains, et je voudrais avoir de quoi alimenter mon activité; ainsi je pourrais encore réunir facilement un ou deux emplois, tels que celui d'intendant général et d'inspecteur des eaux et forêts du comté. Oui, je sens que ma capacité pourrait suffire à cette nouvelle besogne, et si monsieur le baron voulait en dire deux mots à Monseigneur...

GUSTAVE.

Dieu! monsieur Trikman, vous êtes réellement d'une capacité ou plutôt d'une voracité difficile à satisfaire... Quoi! cinq places à vous tout seul! Avec une pareille disposition pour le cumul, c'est dommage que vous ne vous soyez pas lancé sur un plus grand théâtre! vous feriez un

chemin rapide, et je ne désespèrerais pas de vous voir
bientôt ministre, ou du moins conseiller aulique; mais ici
vous n'êtes pas à votre place.

TRIKMAN.

C'est ce que je me dis tous les jours. Mais je vais peut-
être avoir bientôt l'occasion de sortir de l'obscurité. J'ai
reçu du grand prévôt l'avis qu'un personnage poursuivi
par la justice et qui cherche probablement à gagner la
frontière, pourrait bien passer par ici. (*A ces mots, Gustave fait un mouvement de surprise qui n'échappe point à
M. Trickman. Légère pause, et Trikman continue:*) Il m'annonce qu'il m'enverra incessamment de nouvelles instructions plus détaillées; mais il me recommande, en attendant, de redoubler de vigilance et de surveiller avec soin
toutes les personnes suspectes qui pourraient passer dans
l'étendue de ma juridiction; enfin, pour stimuler mon
zèle, il ajoute qu'une grande récompense et la protection
d'une des plus puissantes familles de l'empire sont assu-
rées à celui qui procurera l'arrestation du fugitif. Tenez,
Monsieur, lisez vous-même cette lettre.

GUSTAVE, *après l'avoir parcourue.*

Il est probable que le grand prévôt en a écrit autant à
tous les baillis de frontières de l'empire, et, comme il n'a
point de donnée positive sur le point vers lequel se dirige
cette personne, ce serait un grand hasard si elle venait de
ce côté. Je pense donc que vous ferez tout aussi bien de
vous occuper des préparatifs de la fête de mon père que
d'une affaire aussi peu certaine.

TRIKMAN.

L'un n'empêche pas l'autre, monsieur le baron. Mes
agents m'ont déjà rapporté qu'on avait vu rôder aux en-
virons un inconnu dont la tournure et les démarches paraissent assez suspectes.

GUSTAVE, *à part.*

Grand Dieu! si c'était Frédéric! et Frantz qui n'arrive
pas!

TRIKMAN, *examine encore Gustave.*

Et aussitôt que j'aurai fini de dicter à maître Calamus
le programme de la fête de Monseigneur, j'irai donner
mes ordres à qui de droit, et je vous promets que si l'individu que l'on poursuit se trouve sur les terres du comté,
il sera arrêté avant la fin de la journée. Je ne serais pas
fâché de vous donner aussi sous ce rapport un échantillon
de mon talent.

GUSTAVE.

Pour celui-là, je vous en dispense... D'ailleurs, il me
semble qu'un pareil événement en ce jour troublerait un
peu notre fête, dont je vous prie de vous occuper exclusi-
ment.

TRIKMAN.

Monsieur le baron, il n'est rien que je ne fasse pour
vous obliger... Mais, Monsieur, vous me paraissez souf-
frant, permettez-moi de vous tâter le pouls. Seriez-vous
malade ?

GUSTAVE.

Moi, pas du tout... Jamais je ne me suis mieux porté...

TRIKMAN.

En ce cas vous avez donc quelque peine secrète ; car
depuis votre retour j'observe que vous êtes triste, vous
autrefois si gai, si joyeux... Et par l'intérêt que je vous
porte...

GUSTAVE.

Je vous en remercie ; mais vos observations ne sont pas
fondées... Le voyage m'a peut-être un peu fatigué, et je
vais prendre l'air dans le parc ; je pense que cela me fera
du bien. Si Frantz, mon hussard, arrive pendant mon
absence, dites-lui, je vous prie, de m'attendre ici.

TRIKMAN.

Je n'y manquerai pas ; mais si vous alliez dans le parc,
je vous conseille de ne pas trop vous éloigner de peur de
rencontrer cet homme suspect dont je vous parlais tout à
l'heure.

GUSTAVE.

Bah! monsieur le bailli, vous ne voyez partout que des hommes suspects ou des choses mystérieuses; je connais depuis longtemps votre faible à cet égard. Ce sera peut-être un voyageur égaré qu'on aura aperçu, ou même quelque faux rapport qu'on se sera plu à vous faire. En tout cas, je ne crains rien, et je vais tranquillement faire une promenade.

SCÈNE III

TRIKMAN *seul.*

Oui, je vois partout des mystères... Mes observations ne sont pas fondées!... Et cependant M. Gustave, autrefois si bon vivant, arrive pour la fête de son père avec un air rêveur et consterné, comme s'il venait à un enterrement. Et l'on veut me faire croire, à moi Trikman, qu'il n'y a rien là d'extraordinaire... Patience, il faudra bien que je découvre le dessous des cartes, et si le maître ne veut pas parler, j'espère bien faire causer Frantz, son hussard... Oui, c'est là le vrai moyen; c'est toujours par les domestiques que l'on peut connaître les défauts et les secrets des maîtres.

SCÈNE IV

Maître CALAMUS, TRIKMAN.

MAÎTRE CALAMUS, *un énorme rouleau de papier d'une main, et une férule de l'autre.*

Adsum : me voici, monsieur Trikman, les armes en main, comme vous voyez, et prêt à exécuter vos ordres.

TRIKMAN.

Vous pouviez au moins vous dispenser d'apporter cette férule, qui ne devrait pas sortir de votre école.

MAÎTRE CALAMUS.

Dites plutôt qu'elle ne doit jamais quitter ma main. C'est l'insigne de ma dignité de maître d'école, comme la

plume que je porte au chapeau annonce que je suis greffier du bailliage, comme le sceptre est la marque de la
royauté, comme les faisceaux l'étaient du consulat. Or
nous voyons dans Homère que jamais les rois qui étaient
au siége de Troie ne sortaient sans leurs sceptres, de même
que l'histoire romaine nous apprend que jamais les con-
suls...

TRIKMAN, *l'interrompant.*

Assez, assez... Gardez votre férule et votre érudition,
et, je vous en conjure, faites-moi grâce de l'une et de
l'autre... Allons, asseyez-vous là et écrivez.

MAÎTRE CALAMUS.

Me voilà prêt.

TRIKMAN.

Défiez-vous surtout des distractions, et prenez garde
de confondre les choses, comme cela est arrivé l'autre
jour, quand vous avez donné à une ordonnance que je
vous dictais comme médecin, la formule d'une sentence
de bailli.

MAÎTRE CALAMUS.

Ne craignez rien. Dictez; je vous écoute.

TRIKMAN, *dictant.*

Programme général de la fête de monseigneur le comte
Joseph de Liestenacht, colonel du régiment de hussards
de ce nom, grand'croix de l'ordre de Marie-Thérèse, che-
valier de l'Aigle-Noir de Prusse, etc. etc.

MAÎTRE CALAMUS.

C'est déjà écrit. Je connais tout cela, c'est le protocole
que nous mettons en tête de tous nos actes... Continuez.

TRIKMAN.

Nous allons commencer par le dîner. (*Légère pause.*)
Dans l'orangerie, dîner de cinq cents couverts.

MAÎTRE CALAMUS.

Bone Deus! cinq cents couverts!... Et qui donc allez-
vous inviter à cette table?

TRIKMAN.

Il y aura d'abord tous les vassaux de Monseigneur, et un

détachement de son régiment qu'il amènera avec lui et auquel il présentera M. le baron Gustave son fils, qui vient d'être nommé capitaine.

MAÎTRE CALAMUS.

Capitaine! M. Gustave!... Savez-vous que cela ne laissera pas que de me faire honneur, quand on saura que c'est moi qui lui ai enseigné les principes de la langue latine, *scientiarum rudimenta.*

TRIKMAN.

Puisque nous parlons de M. Gustave, avez-vous remarqué sa tristesse, son abattement? lui qui devrait, un jour comme celui-ci, témoigner sa joie de revoir son père, dont il est séparé depuis longtemps, d'être nommé capitaine, d'assister à une fête brillante.

MAÎTRE CALAMUS.

C'est peut-être pour se conformer au précepte d'Horace, dans son ode *œquam memento*, où il recommande, quand en est dans la prospérité, d'avoir soin de tenir son âme *temperatam ab insolenti lœtitia;* ce qui répond à notre axiome, qu'il faut pour être sage mettre de l'eau dans son vin...

SCÈNE V

TRIKMAN, MAÎTRE CALAMUS, FRANTZ.

FRANTZ, *qui est entré pendant ces derniers mots de Calamus.*
Halte-là, père Laplume, voilà une morale que je n'approuve pas du tout... Mettre de l'eau dans son vin!... Mille carabines! mais c'est plus coupable, je crois, que de manquer à l'appel.

TRIKMAN.	MAÎTRE CALAMUS.
Ensemble.	
Ah! c'est toi, Frantz!	Tiens, c'est M. Frantz.

FRANTZ.

Eh! oui, c'est moi!... Et comment se portent les amis? bonjour, monsieur Trikman, mon bon père Laplume (*en lui serrant la main avec affection*), comment va la santé?

MAÎTRE CALAMUS.

Optime, monsieur Frantz, *optime...* Mais je vous prie
de vous rappeler que j'ai changé le nom vulgaire de père
Laplume en celui de maître Calamus, qui est plus savant
et plus harmonieux.

FRANTZ.

Ça m'est égal, pourvu que vous n'ayez pas changé de
caractère; car je vous ai toujours connu brave homme, pas
fier et sans façon.

TRIKMAN.

Vous devenez bien rare, monsieur Frantz; depuis votre
retour de Vienne, à peine a-t-on pu vous apercevoir un
seul instant. Est-ce que le séjour de la capitale vous aurait
rendu fier, vous?

FRANTZ.

Moi fier! Eh! pour qui me prenez-vous? Certes, ce n'est
pas ma faute si je ne suis pas resté au château à me reposer et à causer avec les amis; mon capitaine m'a commandé
pour un service d'avant-garde... de reconnaissance, il a
bien fallu obéir. Mais je le croyais ici, mon capitaine: pourriez-vous me dire où je pourrais le trouver?

TRIKMAN.

M. le baron Gustave est allé faire un tour de promenade
dans le parc, et il m'a récommande, si tu arrivais avant
lui, de te dire de l'attendre ici.

FRANTZ.

Ma foi, je ne suis pas fâché d'une pareille consigne, car
depuis plus de quatre jours je suis toujours à cheval (*en prenant une chaise*), et il est bien temps de me reposer un peu.

TRIKMAN.

Mais pourquoi donc toutes ces courses? A peine arrivé
de Vienne, crac, tu remontes à cheval, et au moment où
j'allais t'offrir un verre de mon vieux vin du Rhin, je t'a-
perçois au bout de la grande avenue galopant ventre à
terre. Avec cela, ton maître qui est changé, mais changé
à être méconnaissable. Dis-moi donc un peu ce que tout
cela signifie?

FRANTZ.

D'abord je n'en sais rien... Quant à votre vin du Rhin, si vous êtes toujours dans les mêmes dispositions, je lui dirai volontiers deux mots.

TRIKMAN.

Comment! avec le plus grand plaisir... Maître Calamus, auriez-vous la complaisance d'aller dans le fond du caveau, à gauche, vous savez?... vous monterez une bouteille de la comète et trois verres.

MAÎTRE CALAMUS.

Je le connais bien, car c'est moi qui vous ai aidé à le cacheter, *testa conditum levi,* comme dit Horace.

FRANTZ, *à Calamus qui sort.*

Et surtout n'allez pas y mettre de l'eau.

SCÈNE VI

TRIKMAN, FRANTZ.

TRIKMAN.

Quand tu dis que tu ne sais rien, je suis bien sûr que tu ne dis pas la vérité.

FRANTZ.

Ah çà! comment l'entendez-vous, monsieur Trik? Y a-t-il longtemps que vous connaissez Frantz?

TRIKMAN.

Mais huit à dix ans, je crois.

FRANTZ.

Eh bien! moi je me connais depuis plus de trente ans. J'ai vingt et quelques années de service, et vous êtes le premier qui ayez osé dire que Frantz ne disait pas la vérité.

TRIKMAN.

Allons, allons, le voilà qui s'emporte pour un rien... Toujours mauvaise tête comme à l'ordinaire.

FRANTZ.

Mauvaise tête tant que vous voudrez; mais menteur, jamais.

TRIKMAN.

Je voulais seulement dire que ton maître pouvait bien t'avoir caché la cause de sa tristesse ; mais que toi, qui ne manques pas d'intelligence, tu aurais pu facilement la deviner.

FRANTZ.

Moi, je ne cherche jamais à deviner ce qu'on ne veut pas me dire.

TRIKMAN.

Tu avoueras pourtant avec moi que M. Gustave a quelque chose de singulier, d'extraordinaire.

FRANTZ.

Est-il ennuyeux avec ses questions? (*Haut.*) Moi, je n'avoue rien.

TRIKMAN.

Vous êtes bien discret, monsieur Frantz.

FRANTZ.

Vous êtes passablement curieux, monsieur Trikman.

TRIKMAN.

Non, mais je suis observateur, et beaucoup d'autres le sont comme moi. On a trouvé qu'il y avait quelque mystère dans cette reconnaissance, comme tu l'appelles, où t'a envoyé M. le baron.

FRANTZ.

Tiens, on voit bien que vous ne connaissez pas le service, vous ! Est-ce que les hussards ne sont pas faits pour aller à la découverte ! et ne doivent-ils pas rendre compte à l'officier de service, comme je vais le faire à mon capitaine quand il sera de retour?

TRIKMAN.

Tout cela, mon ami, est bon en temps de guerre et en pays ennemi ; mais ici enfin...

FRANTZ, *apercevant maître Calamus.*

Ah! voici notre vin du Rhin! (*A part.*) Il arrive fort à propos pour faire diversion aux questions importunes de M. Trikman.

SCÈNE VII

LES MÊMES, MAÎTRE CALAMUS, *une bouteille à la main.*

MAÎTRE CALAMUS.

Oui, le voici, et l'on peut dire qu'il est remarquable *interiore nota,* comme dit Horace.

FRANTZ.

Ah! ah! voilà encore le père Laplume avec son latin. Savez-vous que l'an passé il s'était mis en tête de m'enseigner le latin, à moi?

MAÎTRE CALAMUS.

Et qu'y aurait-t-il d'étonnant à cela? On peut s'instruire à tout âge. Je voulais de mon côté apprendre à monter à cheval, et vous m'auriez donné des leçons.

TRIKMAN.

Oh! vous en auriez grand besoin; car la dernière fois que vous m'avez accompagné comme greffier, vous êtes tombé quatre ou cinq fois, je crois.

MAÎTRE CALAMUS.

Six fois, Monsieur, en comptant une chute à l'entrée du château.

TRIKMAN, *qui pendant le dialogue précédent a débouché la bouteille et l'a versée dans les verres, en prend un, et les autres acteurs en font autant. Après avoir bu :*

Eh bien! Frantz, comment trouves-tu celui-là?

FRANTZ.

Délicieux, exquis, et vous savez que je m'y connais.

TRIKMAN.

Certainement, autant au moins que Maître Calamus se connaît au latin qu'il voulait t'enseigner.

FRANTZ.

N'était-ce pas là une drôle d'idée? Je vous demande un peu si le latin pouvait aller sur une vieille figure de hussard comme la mienne?

MAÎTRE CALAMUS.

C'est pourtant moi qui l'ai enseigné à M. Gustave, et je

ne crois pas qu'il soit moins bon militaire pour avoir appris *scientiarum rudimenta.*

FRANTZ.

Oh mais ! mon capitaine et moi, c'est différent !

TRIKMAN.

A propos de M. Gustave, nous disions, quand maître Calamus est entré, qu'il avait quelque chose qui le chagrinait.

FRANTZ, *à part.*

Allons, cela va recommencer... Changeons vite de batterie. (*Haut.*) Messieurs, il me semble qu'avec un pareil vin nous ne pouvons mieux faire que de boire à la santé de mon colonel.

TRIKMAN.

Bien volontiers, à la santé de M. le comte Joseph !

MAÎTRE CALAMUS.

Vivat Josephus !

TOUS ENSEMBLE.

Vive Joseph !!!

FRANTZ.

Eh bien ! père Laplume, ou plutôt maître Calamus, vous ne dites rien de ce vin-là ; est-ce que vous ne le trouvez pas bon ?

MAÎTRE CALAMUS.

Tantum abest ut contra ; c'est-à-dire que je le trouve *optimum.* Cependant, à mon avis, je préférerais de la bière.

TRIKMAN.

De la bière !...

FRANTZ.

' De la bière !... Mais c'est presque un blasphème... Et la raison, s'il vous plaît ?

MAÎTRE CALAMUS.

La voici : c'est que, voyez-vous, la bière est la boisson nationale des peuples de la Germanie, vulgairement appelés Allemands. En effet, nous lisons dans Tacite, *de Moribus Germanorum,* que les anciens Germains composaient leur boisson *ex frumento et hordeo...*

FRANTZ, *riant.*

Ah ! ah ! ah ! je me doutais bien qu'il y avait du latin là-
dessous... Allons, père Laplume, laissez là votre Tacite,
les Germains et leur boisson. Je suis certain que si ces
gens-là avaient goûté de ce vin, ils ne lui auraient pas
préféré la bière.

TRIKMAN.

Je suis de ton avis, Frantz; et je suis bien sûr que si
M. le baron Gustave en avait bu seulement un verre ou deux,
il ne serait pas si triste qu'il est.

FRANTZ, *à part.*

Le voilà encore qui revient à ses moutons !... (*Haut.*) C'est
possible... Mais quand je suis entré vous étiez occupés, et
je vous ai sans doute dérangés. Votre vin du Rhin et la consigne de mon capitaine en sont la cause... Je vais l'attendre
dans l'antichambre, où il passera nécessairement en revenant de la promenade.

TRIKMAN.

Non, non, tu ne nous a pas dérangés; nous travaillions
maître Calamus et moi, au programme de la fête de Monseigneur, et nous pouvons bien continuer en ta présence.
Tu verras que nous allons avoir une fête magnifique, dont
tu ne peux te faire une idée, sans compter ma grande surprise qui terminera la journée.

FRANTZ.

Ah ! vous préparez donc une grande surprise à mon colonel ? Et pourrait-on, sans indiscrétion, savoir quelle est
cette surprise ?

TRIKMAN.

Tiens, tiens, monsieur Frantz !... vous êtes curieux
aussi... C'est mon secret à moi... Cependant, si tu veux,
nous ferons un échange; dis-moi là franchement ce que tu
sais de ton capitaine, et remarque que c'est dans son intérêt et par suite de l'attachement que je lui porte, que je
désire le savoir; et moi je te ferai connaître ma grande
surprise.

FRANTZ, *à part.*

Encore !... (*Haut.*) Oh ! je vous ai fait cette question-là sans y penser, par manière d'acquit, car je ne tiens nullement à connaître votre grande surprise. (*Apercevant Gustave qui entre en ce moment.*) Quant à ce qui concerne M. Gustave, vous pouvez vous adresser à lui-même.

SCÈNE VIII

LES PRÉCÉDENTS, GUSTAVE.

GUSTAVE.

Ah! te voilà, Frantz!

FRANTZ, *faisant le salut militaire.*

Présent, mon capitaine.

GUSTAVE, *à Trikman et à Calamus.*

Bonjour, Messieurs. Frantz, je désirerais te parler. J'espère que ces Messieurs n'ont rien qui les retienne ici.

TRIKMAN.

Non, monsieur le baron ; nous travaillons au programme de la fête de Monseigneur... Mais nous allons continuer dans un autre appartement pour ne pas déranger monsieur le baron... Allons, maître Calamus, prenez vos papiers et partons. (*Pendant que Calamus arrange ses papiers et son encrier, et qu'il emporte la table, Gustave et Frantz causent ensemble tout bas; Trikman les observe.*) Qu'on me dise encore qu'il n'y a pas là de mystère... Ils seront bien fins si Trikman ne vient pas à bout de le découvrir.

(*Il sort avec Calamus.*)

SCÈNE IX

GUSTAVE, FRANTZ.

FRANTZ.

Enfin les voilà partis!... Si vous saviez, mon capitaine, tout ce que j'ai eu à souffrir depuis un quart d'heure! J'aimerais mieux, je crois, me trouver en présence d'une batterie chargée à mitraille.

GUSTAVE.

Tu me conteras cela plus tard !... Parlons d'abord de ta commission. As-tu vu Frédéric ?

FRANTZ.

Oui, je l'ai trouvé dans la ferme de maître Pierre, votre frère de lait, où il a passé la nuit, comme vous me l'aviez annoncé.

GUSTAVE.

Bon, je vois que Pierre a exécuté mes ordres avec intelligence. Mais Frédéric t'a-t-il parlé de son affaire ? Est-ce réellement quelque chose de très-sérieux ?

FRANTZ.

Très-sérieux, sans doute; mais je croyais qu'il vous l'avait écrit lui-même.

GUSTAVE.

Non. Au moment où je sortais de l'audience de l'empereur, on m'a remis de sa part un billet ainsi conçu: (*Il lit.*) « Mon cher Gustave, une affaire extrêmement grave m'o-« blige de quitter Vienne à l'instant et de gagner, si je le « puis, un pays étranger. La frontière la plus voisine et « plus facile à franchir est celle du comté de Liestenacht, « ta résidence. Je sais que tu es sur le point de retourner « au château de ton père ; si tu hâtais ton voyage de vingt- « quatre heures, tu pourrais me rendre le plus grand ser- « vice qu'attende de toi ton malheureux ami.

« FRÉDÉRIC DE LORBACK. »

Aussitôt après avoir lu ce billet, je t'ai envoyé commander des chevaux de poste, et nous sommes partis.

FRANTZ.

Et vous avez bien fait. On ne doit pas y regarder quand il s'agit de servir un ami, surtout dans la position où M. Frédéric se trouve.

GUSTAVE.

Ah çà ! dis-moi donc de quoi il s'agit ?

FRANTZ.

D'une affaire qui dans un autre pays serait regardée

comme une bagatelle, mais qui dans le nôtre est avec raison sévèrement punie : d'un duel, en un mot.

GUSTAVE.

D'un duel!... J'en àvais le pressentiment... Et notre
nouvel empereur, qui vient de déclarer qu'il entendait que
les anciennes lois contre le duel fussent rétablies dans toute
leur rigueur...

FRANTZ.

Et n'a-t-il pas raison? pour moi, j'ai plus de vingt ans de
service ; chaque fois qu'une occasion honorable s'est pré-
sentée, j'ai prouvé que je n'étais pas un lâche ; mais j'ai
toujours eu horreur des duels. .

GUSTAVE.

Tu as bien raison... Ce qui m'étonne dans tout cela c'est
que, Frédéric et moi, nous avions à cet égard la même
manière de penser. Souvent je lui ai entendu dire que le
plus grand malhenr qui pourrait lui arriver, ce serait de
tuer quelqu'un en duel.

FRANTZ.

Eh bien ! il l'a eu ce malheur-là, car il a tué, ou du
moins mortellement blessé, le fils d'un conseiller aulique
dont j'ai oublié le nom, et il paraît que déjà la famille
exerce les plus vives poursuites contre M. Frédéric.

GUSTAVE.

C'était bien cela dont me parlait le bailli. Le fils d'un
conseiller aulique, dis-tu?... Serait-ce par hasard le baron
de Kratzfeld?

FRANTZ.

Tout juste !... C'est ainsi qu'il me l'a nommé.

GUSTAVE.

Pauvre Frédéric !... L'homme le plus puissant et le plus
vindicatif de la cour... Mais enfin t'a-t-il donné quelques
renseignements? Est-ce dans la chaleur d'une querelle?
Est-ce lui qui est l'agresseur, ou l'offensé? Il peut y avoir
des circonstances capables d'atténuer sa faute... Je connais Frédéric ; il est vif, emporté même ; mais jamais je
ne l'aurais cru capable de commettre une action qui n'est

pas dans nos mœurs, que les lois et la religion condamnent, et dont l'usage, je l'espère, disparaîtra bientôt du milieu des nations civilisées.

FRANTZ.

Il ne m'a pas conté tous ces détails, et je ne me suis pas permis de lui en demander si long. Il vous dira cela lui-même ; car, d'après vos ordres, maître Pierre va l'amener ici par la petite porte du parc. Seulement il marche avec peine, la fatigue du voyage et une blessure...

GUSTAVE.

Comment ! il est blessé, et tu ne l'avais pas dit !...

FRANTZ.

Ce n'est rien... une égratignure ; mais le voyage à cheval l'a rendue plus douloureuse ; et puis c'est jeune, ça ne sait pas ce que c'est que de souffrir... Ah ! s'il eût fait comme moi les campagnes de France, et qu'il eût été blessé à la bataille de Montereau... Figurez-vous, mon capitaine, qu'à la bataille de Montereau...

GUSTAVE.

Tu me conteras cela une autre fois... Songeons à ce pauvre Frédéric... Coupable ou non, son malheur efface sa faute à mes yeux ; il a mis sa confiance en mon amitié, cette confiance ne sera point trompée.. As-tu préparé pour le recevoir la petite chambre qui donne dans mon appartement ?

FRANTZ.

Oui, mon capitaine... Mais pensez-vous que M. Frédéric soit ici bien en sûreté ?

GUSTAVE.

Comment ! ici dans le château de mon père ! et qui oserait se permettre de violer un pareil asile ? D'ailleurs il n'y restera que le temps nécessaire pour assurer son passage par delà la frontière.

FRANTZ.

Oui ; mais je me défie beaucoup de M. Trikman. Si vous saviez comme il est curieux !... Il a failli m'entortiller deux ou trois fois dans ses questions, et si je n'avais eu recours

à ces feintes, à ces retraites simulées, familières à un vieux
troupier, il m'aurait, je crois, fait parler malgré moi.

GUSTAVE.

Il paraît qu'il avait eu recours aussi à un grand moyen
pour délier ta langue. N'ai-je pas aperçu en entrant certaine bouteille de vin du Rhin, que vous aviez probablement vidées ensemble ?

FRANTZ.

C'est vrai, mais je me suis douté de la ruse, et, en la
voyant paraître, je me suis dit à moi-même : Garde à toi,
Frantz, voilà l'ennemi !...

GUSTAVE.

Comment ! Frantz, le vin du Rhin est ton ennemi ?

FRANTZ.

Certainement, puisqu'il était devenu l'auxiliaire de
M. Trikman; mais moi, tout en attaquant bravement
l'auxiliaire, je me suis tenu sur la réserve avec le principal corps d'armée. Cependant j'avoue que j'allais peut-être
me trouver enveloppé, si vous n'étiez arrivé à temps pour
me dégager. Ainsi c'est vous, mon capitaine, qui avez tous
les honneurs de la victoire.

GUSTAVE.

Dis plutôt que le hasard m'a ramené ici fort à propos.
D'après la conversation que j'aie eu avec Trik ce matin,
j'ai aussi des raisons de me défier de lui : non que je le
croie un malhonnête homme ou un esprit méchant; mais
il est intrigant, remuant, tracassier; il faut qu'il se mêle
de tout, qu'il sache tout, pour se donner ensuite de l'importance et faire de l'embarras.

FRANTZ.

Oh ! le voilà bien... On ne peut guère le louer qu'en parlant des défauts qu'il n'a pas. Quant à ses qualités, je ne
lui en connais pas d'autres que d'avoir d'excellent vin du
Rhin.

GUSTAVE.

Dans cette affaire Trik est excité par l'ambition et l'intérêt; mais il battra la campagne et fouillera tous les coins

et recoins du comté avant de se douter que celui qu'il
cherche est caché dans le château. Seulement il faut veiller à ne pas exciter ses soupçons : ainsi, maintenant que
tu es averti, c'est à toi de te tenir sur tes gardes.

FRANTZ.

Cela n'est pas si aisé que vous voulez bien le dire.
Quoique j'aime assez le bon vin, et même la petite goutte
de rogomme que nous appelons au régiment le lait des
hussards, jamais je n'en fais excès, et l'on ne peut pas dire
que la bouteille me fasse causer. Ainsi sous ce rapport, je
ne crains rien; mais j'ai toujours eu une grande aversion
pour le mensonge, et dès qu'il me faut seulement déguiser
un peu la vérité, je suis si bête, si bête, que cela se voit
aussitôt sur ma figure, et c'est pour cela qu'au régiment
on m'a surnommé Lafranchise.

GUSTAVE.

Et c'est parce que tu mérites réellement ce beau sur-
nom que tu as gagné la confiance de mon père et la mienne.
Aussi je ne t'engagerai jamais à trahir la vérité. Mais si
M. Trik t'adresse encore des questions, dis-lui que je t'ai
défendu d'y répondre et de parler de moi et de ce qui me
concerne à qui que ce soit, excepté à mon père.

FRANTZ.

Et si mon colonel m'interroge?

GUSTAVE.

Sois tranquille, je lui parlerai auparavant. Mon père est
sévère, il est stricte observateur des lois, et il ne permet pas
qu'on les enfreigne; mais il connaît aussi les devoirs de
l'amitié, et surtout il sait compatir au malheur. Aussi je
m'adresserai à lui avec confiance dès qu'il sera de retour.
L'essentiel jusque-là, c'est de mettre Frédéric en lieu de
sûreté.

FRANTZ.

A la bonne heure, maintenant que j'ai une consigne,
me voilà solide au poste, et je ne crains plus M. Trikman,
ni le vin du Rhin... Ah! voici maître Pierre.

SCÈNE X

LES PRÉCÉDENTS, MAÎTRE PIERRE.

MAÎTRE PIERRE *entre en faisant plusieurs saluts.*

Bonjour, monsieur Gustave... Comment que ça va aujourd'hui?

GUSTAVE.

Bien, mon ami, dis-moi vite, où as-tu laissé Frédéric?

MAÎTRE PIERRE, *faisant un signe de la main.*

Là...

GUSTAVE.

Où donc là?

MAÎTRE PIERRE.

Dans c'te petite cabane, derrière la grande charmille, ousque les jardiniers mettont leux affutiaux, et pis, quand j'avons été là il m'a dit comme ça de venir, sans faire semblant de ren, savoir où vous étiez, et surtout de ne parler à personne qu'à vous ou à M. Frantz.

GUSTAVE, *à Frantz.*

Va vite chercher la clef de la grande galerie, nous passerons par là pour amener Frédéric. (*Frantz sort.*)

SCÈNE XI

GUSTAVE, MAÎTRE PIERRE.

GUSTAVE.

C'est très-bien, mon cher Pierre, je suis content de toi. Je saurai reconnaître plus tard ce service d'une manière convenable; en attendant reçois toujours cette légère marque de souvenir... (*Il lui présente une pièce d'argent.*)

MAÎTRE PIERRE.

Oh! Monsieur Gustave, vous me faites de la peine... Je croyais que vous deviez assez connaître votre frère de lait pour savoir que quand vous lui demandez un petit service, il ne vous le rend pas pour de l'argent... Jarnicoton, moi qui irais me jeter dans l'iau pour vous... vrai... vous me faites ben de la peine tout de même... quoi...

GUSTAVE.

Eh bien, n'en parlons plus, mon ami. Je n'ai jamais douté de ton cœur, et, loin de songer à t'offenser, je ne voulais que te dédommager de la perte de ton temps; mais je n'insisterai pas, de peur de blesser une délicatesse qui t'honore et t'élève à mes yeux bien au-dessus de ta condition... Rappelle-toi que, quelle que soit la différence que la naissance, le rang et la fortune aient mise entre nous deux, tu trouveras toujours en moi plus qu'un ami dévoué, un véritable frère.

MAÎTRE PIERRE.

Eh ben, à la bonne heure, v'là parler, ça... v'là une parole qui me réjouit l'âme plus qu'une bourse pleine de florins.

FRANTZ, *accourant avec empressement.*

Mon capitaine, voilà la clef. Dépêchons-nous; je crains que l'alerte ne soit déjà au camp. J'ai vu M. Trik et le père Laplume qui traversaient la cour d'honneur à grands pas, en se dirigeant de ce côté. Ils parlaient de duel... de poursuites... de M. le baron Gustave... du grand prévôt.

GUSTAVE.

En ce cas nous n'avons pas de temps à perdre. (*A Pierre.*) Frantz et moi nous allons chercher Frédéric; tâche de les retenir jusqu'à mon retour; amuse-les comme tu pourras, imagine tout ce que tu voudras, je te donne carte blanche; mais l'essentiel c'est qu'ils n'interrompent pas notre besogne.

MAÎTRE PIERRE.

Soyez tranquille, monsieur Gustave, je me charge de l'affaire. Eh! mordienne, on n'est pas si bête qu'on en a l'air... Mais partez vite, je les entends qui montent le grand escalier.

4*

SCÈNE XII

MAÎTRE PIERRE, *seul.*

Ah ben ? ah ben ! des baillis comme ça, j'en retournerais
une douzaine comme une charrue retourne une motte de
terre, sans seulement avoir l'air d'y toucher.

SCÈNE XIII

MAÎTRE PIERRE, TRIKMAN, MAÎTRE CALAMUS.

(*Trikman arrive en saluant si bas qu'il n'aperçoit pas maître
Pierre, qu'il prend pour Gustave.*)

TRIKMAN.

Monsieur le baron, je viens pour avoir l'honneur de vous
annoncer que j'ai reçu tout à l'heure une lettre du grand
prévôt...

MAÎTRE CALAMUS.

Erras, Domine, c'est-à-dire, vous ne voyez donc pas à
qui vous parlez?

TRIKMAN, *se relevant.*

Comment ! c'est toi, maître Pierre?

MAÎTRE PIERRE.

Eh ! oui, c'est moi... et vous me 'prenez pour un baron!
V'là pourtant l'inconvénient qu'il y a de trop se baisser
quand on salue... (*Il rit.*) Ah ! ah ! ah ! c'est drôle ça,
n'est-ce pas?

TRIKMAN.

Vos plaisanteries sont déplacées, maître Pierre ; songez
que vous n'êtes qu'un simple vassal, et que devant moi,
bailli du comté, vous devez vous tenir avec décence et ne
m'adresser la parole qu'avec respect... Par quel hasard es-
tu venu au château?

MAÎTRE PIERRE.

Tiens, c'te question... Vous ne savez donc pas que je

sommes le frère de lait de M. le baron Gustave? Y ne me dit pas, lui : Il faut m'adresser la parole avec respect; mais il m'appelle son bon ami, son frère, quoi... et v'là pourquoi je sommes au châtiau.

MAÎTRE CALAMUS.

Dieu! que de solécismes et de barbarismes en peu de mots!

MAÎTRE PIERRE.

Mais, tenez, monsieu le bailli, je suis ben aise de vous rencontrer, tout de même; car si je n'avais pas aivu la chance de vous rencontrer ici, je m'en allais tout dret cheux vous en sortant.

TRIKMAN.

Je n'ai pas le temps de t'entendre en ce moment. Tu viendras me trouver une autrefois.

MAÎTRE PIERRE.

Deux minutes seulement, monsieu le bailli... C'est pour une petite consultation que je vous paierons ben tout de même.

TRIKMAN.

Je t'accorde cinq minutes, et tu me donneras un demi-florin.

MAÎTRE PIERRE.

Eh ben, ça va. C'est donc pour vous dire, monsieu le bailli, que j'ons des malades à la ferme que j'voudrions ben que vous veniez visiter.

TRIKMAN.

D'abord, rappelle-toi que quand on me parle de malades, on ne doit pas m'appeler monsieur le bailli, mais monsieur le docteur, parce que j'ai pris mes degrés dans les deux facultés de droit et de médecine.

MAÎTRE CALAMUS.

Voyez-vous, maître Pierre, Monsieur est ce que nous appelons *doctor in utroque jure*.

MAÎTRE PIERRE.

Comprends pas.

MAÎTRE CALAMUS.

C'est comme si l'on disait, pour mettre cela à la portée de votre intelligence, qu'il mange à deux râteliers.

MAÎTRE PIERRE.

Ah! je comprends maintenant... J'ons dans notre grande écurie un âne qui en fait tout autant... D'après ce que vous dites, notre âne est donc, sauf votre respect, un *doctor en utro*... comment que vous appelez çà?

TRIKMAN.

C'est bon, c'est bon... Vous pourriez vous dispenser, maître Calamus, de vos interprétations saugrenues, et m'épargner ces comparaisons ridicules. Vite au fait, maître Pierre, le temps s'écoule... Est-ce pour ta belle-mère que tu veux me consulter? J'ai ouï dire qu'elle était malade.

MAÎTRE PIERRE.

Oui; alle était malade il y a environ six semaines; mais alle ne l'est plus il y a longtemps.

TRIKMAN.

Elle est donc guérie... J'en suis bien aise, car à son âge...

MAÎTRE PIERRE.

Non, Monsieur, alle n'est pas guérie, car alle est morte.

TRIKMAN.

Morte... Et tu ne m'as pas fait appeler!... A qui donc vous êtes-vous adressé, maître Pierre? Savez-vous que je suis seul médecin du comté, et que personne n'a le droit d'y exercer sans ma permission?

MAÎTRE PIERRE.

Mon Dieu, Monsieur, j'nons fait appeler personne. La pauvre bonne femme n'a pas aivu besoin de médecin pour mourir, alle est morte d'alle-même.

TRIKMAN.

C'est différent. Ce n'est donc pas pour elle que tu voulais me consulter?

MAÎTRE PIERRE.

Non, Monsieur, non; c'est pas même pour queuqu'un de raisonnable. C'est, sauf votre respect, pour nos deux belles vaches du Tyrol, que vous connaissez bien, la noire et la rouge, vous savez?

TRIKMAN.

Oui.

MAÎTRE PIERRE.

Eh ben, alles se sont battues hier en duel toutes les deux.

TRIKMAN.

En duel!... Je n'entendrai donc parler que de duel aujourd'hui.

MAÎTRE CALAMUS.

Le duel est aussi usité dans les déclinaisons et dans les conjugaisons grecques.

TRIKMAN.

Taisez-vous donc, maître Calamus... Continue, maître Pierre, et dépêche-toi.

MAÎTRE PIERRE.

Alles se sont donc battues, comme j'ai aivu l'honneur de vous le dire, et la noire a fiché un si fameux coup de corne dans la cuisse gauche de la rouge, que l'une est écornée et l'autre boiteuse, et j'étions venu vous demander queuque emplâtre pour mettre dessus leur mal à toutes deux.

TRIKMAN.

Il faut que je les voie pour cela; comme je ne puis aller chez toi que demain, en attendant tu bassineras leurs plaies avec un peu d'eau et de sel. (*Tendant la main pour recevoir le demi-florin.*) Allons, tu sais que je suis pressé.

MAÎTRE PIERRE.

Ce n'est pas tout; j'ons encore nos poules qui sont toutes enrhumées.

TRIKMAN.

Des poules enrhumées!... c'est une maladie fort rare...
Eh bien! écoute, voici ce qu'il faut faire, et cela m'épargnera le voyage à la ferme. Envoie-moi ce soir une douzaine d'œufs de tes poules, deux ou trois livres de beurre de tes vaches; je dégusterai avec soin ces aliments, et,

d'après leur qualité, je te donnerai une ordonnance et les remèdes convenables.

MAÎTRE PIERRE, *à part.*

Pas si bête, tout de même... Mais pus souvent ! (*Haut.*) Monsieur le bailli, docteur, je veux dire... .

TRIKMAN.

Tais-toi... pas un mot de plus... Les cinq minutes sont écoulées... C'est fini et jugé, la sentence est sans appel ; paie et va-t'en.

MAÎTRE PIERRE, *en le payant.*

Comme vous êtes bref, monsieu le docteur bailli ! (*Voyant qu'il se dirige vers la porte à droite.*) Eh ben, ousque vous allez donc par là, sans être trop curieux?

TRIKMAN.

Tu le vois bien, je vais chez le baron Gustave.

MAÎTRE PIERRE.

Eh ! que ne parliez-vous plus tôt? je vous aurais dit que M. Gustave n'est pas cheux lui pour le moment. Mais si vous tenez à lui parler, j'vous conduirons auprès de lui tout de même.

TRIKMAN.

Comment! si je tiens à lui parler? mais certainement, et le plus tôt possible... Il s'agit d'une affaire de la plus haute importance pour laquelle le grand prévôt vient de m'écrire. Ainsi, puisque tu sais où est M. Gustave, je te requiers de me conduire auprès de lui.

MAÎTRE PIERRE.

En ce cas, vous n'avez qu'à me suivre (*à part*) et je vous promets de vous faire aller...

TRIKMAN, *s'apercevant que maître Calamus est sur le devant de la scène.*

Eh bien! que faites-vous donc là, maître Calamus? Ne voyez-vous pas que nous partons? Oubliez-vous que vous êtes mon greffier, et qu'un greffier doit suivre son bailli comme son ombre.

MAÎTRE CALAMUS.

Ah ! pardon, Monsieur, pardon... c'est que, voyez-vous,

j'étais occupé à me rafraîchir la mémoire de quelques conjugaisons, pour la débarrasser des solécismes et des barbarismes de maître Pierre. Mais me voilà maintenant
expeditus, c'est-à-dire prêt à vous suivre. (*Il marche gravement, et s'éloigne en disant*): *Sequor*, je suis, *sequeris* ou
sequere, tu suis, *sequitur*, il suit, etc.

FIN DU PREMIER ACTE.

ACTE DEUXIÈME

—

SCÈNE I

Maître CALAMUS, TRIKMAN, PIERRE, *entrent*
par la porte du fond.

MAÎTRE CALAMUS.

Il me semble que *vestigia retro legimus*, c'est-à-dire
que nous voilà revenus au salon.

TRIKMAN, *à maître Calamus.*

Allez chercher ma robe de bailli, j'aurai probablement
besoin d'instrumenter, et vous me l'apporterez ici. (*Calamus sort.*) Ah çà! maître Pierre, auras-tu bientôt fini de
me faire promener ainsi dans tout le château?

MAÎTRE PIERRE.

Ma fine, Monsieur, ce n'est pas ma faute à moi si M. le
baron ne s'est pas trouvé dans les endroits ousque je vous
ai menés, c'est qu'apparemment il n'y était pas. Mais si
vous voulez, j'allons recommencer tout de même.

TRIKMAN.

Maître Pierre, je crois que vous faites le mauvais plai-
sant. Voilà une heure que je perds à écouter vos bali-
vernes et vos contes en l'air, tandis que j'ai des ordres
très-pressés à faire exécuter... Mais je vais porter plainte
contre toi à M. le baron, et même à M. le comte quand il
sera de retour, et tu me répondras de la perte de mon
temps.

MAÎTRE PIERRE.

Certainement que je me donnerais de garde de plaisanter avec vous, monsieu le bailli docteur, mais je trouve
que vous mettez ben de l'action pour faire arrêter un
pauvre malheureux, et il me semble qu'il y aurait ben

plus d'humanité à venir soigner mes vaches et mes poules malades qu'à vouloir faire pendre un homme.

TRIKMAN.

C'est bien à toi vraiment qu'il convient de parler d'humanité, toi qui laisses mourir ta belle-mère sans secours, et montres tant d'empressement pour faire soigner tes vaches !

MAÎTRE PIERRE, *à part.*

Il aurait raison tout de même, s'il n'y avait pas une petite gausse de tout ce que je l'y ai conté.

SCÈNE II

LES PRÉCÉDENTS, GUSTAVE ET FRANTZ.

GUSTAVE, *entrant, à Frantz.*

Me voilà tranquille sur le sort de Frédéric. (*Haut.*) On m'a dit, monsieur Trik, que vous me demandiez ; je suis fâché de vous avoir fait attendre si longtemps.

TRIKMAN.

Vous êtes trop bon, monsieur le baron ; mais je vous aurais rencontré plus tôt si je n'avais eu la complaisance d'écouter maître Pierre, qui se croit tout permis parce qu'il est votre frère de lait.

MAÎTRE PIERRE.

De quoi vous plaignez-vous ? je vous ai promis de vous faire parler à M. le baron ; eh ben, le v'là, quoi !

TRIKMAN.

Mais il n'était pas nécessaire de me faire parcourir l'un après l'autre tous les appartements du château... Je suis très-mécontent de vous, maître Pierre, et je vous prie, monsieur le baron, de vouloir bien lui apprendre le respect qu'il me doit en qualité de bailli du comté, et de représentant de Monseigneur.

GUSTAVE, *à maître Pierre.*

Pierre, je te recommande expressément de ne jamais manquer de respect à M. le bailli ; tu m'affligerais beaucoup, et je pense que cette considération sera plus puissante à tes yeux qu'un ordre positif.

TRIKMAN.

Bon !

GUSTAVE, *continuant.*

Quant à moi personnellement, je n'ai pas à me plaindre de toi;... au contraire, je suis très-content... Tu n'as pas oublié ce que je t'ai dit ce matin ; compte sur moi comme sur un véritable frère. comme je compte aussi sur toi si l'occasion se présente.

MAÎTRE PIERRE.

Ah ! Monsieur, la tête, les bras, le cœur, tout est à votre service.

TRIKMAN, *à part.*

Belle réprimande, ma foi !... Comment donc après cela gouverner des paysans qui sont ainsi gâtés par leur maître?

GUSTAVE, *serrant la main à Pierre.*

Allons, voilà qui est terminé... Voyons maintenant à votre affaire, monsieur Trik.

TRIKMAN.

Vous allez voir, Monsieur, que ce que je vous disais ce matin n'était pas des chimères. M. le grand prévôt vient de m'envoyer un courrier extraordinaire qui m'a remis cette lettre. (*Il la présente à Gustave.*)

GUSTAVE, *lisant.*

« Monsieur le bailli,

« Je sais positivement que la personne dont je vous parlais dans ma dernière, s'est dirigée sur le comté de Liestenacht. Vous trouverez sur les pièces ci-jointes ses nom, prénoms, qualité et signalement. Aussitôt la présente reçue, vous mettrez en réquisition tous les agents de la force publique dont vous pourrez disposer, gardes forestiers, douaniers, militaires, etc. J'arriverai probablement moi-même avec mon escorte dans la soirée; mais il serait à désirer, si vous ne pouvez parvenir à opérer l'arrestation du prévenu, qu'au moins toute la ligne de frontière fût soigneusement gardée avant qu'il eût pu la franchir. Je compte sur votre zèle, et suis, en attendant, etc. »

(*A part.*) Le grand prévôt ici !... quel fâcheux contre-temps !

TRIKMAN, *parcourant une liasse de papiers.*

Le prévenu se nomme Frédéric de Lorback, ou du moins on le suppose avec quelque apparence de certitude... Mais son signalement le fera facilement reconnaître, car il a été blessé au bras droit... (*A part.*) Deux mille cinq cents florins à celui qui l'arrêtera... Quant à cet article, je le garde pour moi.

GUSTAVE, *à maître Pierre (à part).*

Pierre, mon ami, il faut achever ce que tu as si bien commencé... Tâche d'amuser le bailli encore pendant quelque temps. (*Pierre fait un signe de consentement.*)

TRIKMAN.

En conséquence des ordres supérieurs dont vous avez connaissance, j'étais venu vous prier, monsieur le baron, ne voulant pas me servir envers vous du mot *requérir*, de vouloir bien me prêter main-forte en cette circonstance, de vous charger du commandement de la force publique, comme officier de S. M. l'Empereur, et de mettre à ma disposition Frantz, votre hussard.

FRANTZ.

Tiens, monsieur le bailli, est-ce que vous prenez les hussards pour des gendarmes ?... Pour moi, je vous déclare que je n'ai jamais fait un pareil service, et qu'il ne me va pas du tout.

GUSTAVE.

Je partage un peu la répugnance de Frantz : de plus, vous savez que le voyage de Vienne nous a fatigués, et vous ne voudriez pas, comme bailli, nous condamner à une corvée pénible que vous nous défendriez comme médecin. D'ailleurs, n'avez-vous pas à votre disposition tous les agents de la force publique dont vous parle le grand prévôt? Ils sont plus que suffisants, sans doute, pour arrêter un seul homme.

TRIKMAN.

Sans doute, mais c'est un honneur que je voulais faire à monsieur le baron..

FRANTZ, *à part.*

Il est bon là, avec son honneur.

TRIKMAN, *continuant.*

En ce cas, je vais, sans perdre de temps...

MAÎTRE PIERRE.

Dites donc, monsieur le bailli, l'homme que vous cherchez n'a-t-il pas un grand mantiau bleu, avec un mouchoir lié autour de sa tête, qui lui cache la moitié du visage, et un chapiau rabattu qui lui cache l'autre; avec ça qu'il est un peu boiteux et qu'il a un cheval gris-pommelé?

TRIKMAN.

Comment! mais cela s'accorde parfaitement avec le signalement et les rapports qui me sont parvenus.

MAÎTRE PIERRE.

En ce cas, m'est avis qu'il n'est pas nécessaire d'appeler une armée tout entière pour l'arrêter.

TRIKMAN.

Tu l'as donc vu? tu sais où il est?

Oh! il n'est pas loin d'ici, je vous en réponds, et je l'ons vu, et je l'y ons parlé comme je vous vois et je vous parle... Il était assis là-bas, tout au bas de l'Étang-Neuf, sur ce gros poirier qu'on a abattu, vous savez; et son cheval gri-pommelé, qui paraissait harassé de fatigue, était couché tout dret au biau milieu, dans un endret ousqu'il aurait bu un fameux coup tout de même, si par bonheur pour lui on n'avait pas desséché l'étang... Et si vous voulez, je vas vous conduire à son gîte...

TRIKMAN.

J'accepterais sans hésiter ta proposition, si, après ce que tu m'as fait tout à l'heure, je pouvais encore me fier à toi.

MAÎTRE PIERRE.

Comme il vous plaira, monsieu le bailli; pour moi je n'y tiens guère; mais je dis que vous manquez là une belle occasion, et si M. le grand prévôt en est instruit, c'est tout au plus s'il sera content.

TRIKMAN, *à part.*

Il a raison; d'autant plus que je n'ai besoin que de deux hommes avec moi et maître Calamus, et personne ne pourra me disputer la récompense promise... (*Haut.*) Pensez-vous, monsieur le baron, que je puisse me fier à maître Pierre?

GUSTAVE.

Je suis persuadé qu'en tout cela Pierre n'a que de bonnes intentions; d'ailleurs ce n'est pas un simple paysan qui pourrait tromper un homme aussi adroit, aussi habile, aussi capable que vous, monsieur Trikman.

TRIKMAN.

Vous avez raison... Voilà qui me détermine... (*S'adressant à Pierre.*) Maître Pierre, je vous ordonne, au nom de la loi et de S. M. l'Empereur, de m'accompagner et de me prêter main-forte au besoin... Nous prendrons en passant maître Calamus et ma robe... Me permettez-vous aussi, monsieur le baron, d'emmener avec moi deux domestiques du château?

GUSTAVE.

Bien volontiers, monsieur Trik, vous pouvez en disposer, et d'un plus grand nombre, si vous voulez.

SCÈNE III

GUSTAVE, FRANTZ.

FRANTZ.

Savez-vous que maître Pierre n'est pas si maladroit?... il a des rubriques que je n'aurais jamais imaginées, moi vieux hussard de vingt ans de service.

GUSTAVE.

Oui ; mais voilà un nouvel embarras que nous n'avions
pas prévu, et l'arrivée du grand prévôt dérange toutes nos
combinaisons. Va vite dans la grande galerie chercher
Frédéric, amène-le ici, nous n'avons pas un instant à
perdre.

SCÈNE IV

GUSTAVE, *seul.*

Que faire à présent?... comment tirer Frédéric de ce
nouveau danger? et cependant son sort m'intéresse plus
que jamais... Mon cœur l'avait bien prévu ; loin d'avoir
été l'agresseur, il n'a pas même répondu à plusieurs pro-
vocations, et il ne s'est battu qu'en légitime défense...
Mais ce fait n'est connu que de Dieu, de son adversaire et
de lui, et la justice humaine ne laissera pas de le condamner, à moins que le temps ne découvre son innocence...
C'est donc du temps, du temps seul qu'il faut gagner...
S'il était en état de passer la frontière, je pourrais encore... Mais il me vient une idée... Oui,... ce moyen-là
est le seul qui nous reste, et je vais l'employer.

SCÈNE V

GUSTAVE, FRANTZ, FRÉDÉRIC *entrant et marchant*
avec peine.

FRÉDÉRIC.

Mon cher Gustave, d'après ce que vient de me raconter
Frantz, je crois qu'il ne me reste plus guère d'espoir de
me sauver; je te remercie de ton zèle; mais désormais
tu feras bien, je pense, de m'abandonner à mon malheureux sort.

GUSTAVE.

Comment! du désespoir, Fréderic? Et qu'as-tu donc
fait de ton courage?... Je te gronderais sérieusement si
j'en avais le temps. Écoute plutôt un projet que je viens

de concevoir à l'instant, et qui, je l'espère, assurera ton
salut... Tu sais que ma première idée était de te faire
passer la frontière, et c'est pour cela que je t'avais envoyé
Pierre, qui devait te servir de guide. Mais il fallait faire
ce trajet à pied, et gravir une montagne inaccessible aux
chevaux. et tu as eu à peine la force de gagner la ferme
de Pierre, d'où je t'ai fait venir ici, pensant que tu serais
plus en sûreté. — Ce que t'a dit Frantz change un peu la
face des choses... Il est essentiel à présent qu'on te croie
au delà des frontières; et voici le moyen que je te propose d'employer. Ton signalement n'est connu que par
le costume que tu as pris pour te déguiser... Je vais
prendre ce costume moi-même... Je connais parfaitement
tous les détours de la forêt, où j'ai chassé dès mon enfance... Dans deux heures j'aurai franchi tous les ob-
stacles... j'aurai soin de me faire apercevoir quand j'aurai
passé les limites de l'empire; à quelques pas de là se
trouve un bourg du royaume de Bavière où je laisserai ce
déguisement; puis je louerai un cheval, et je serai de retour au château avant la nuit. De cette manière le bruit
de ton évasion sera bientôt répandu, et l'on ne pensera
plus à te poursuivre.

FRANTZ.

Bravo, mon capitaine!... Je reconnais bien à ce trait le
noble sang de Liestenacht!...

FRÉDÉRIC.

Et moi je serais indigne d'être l'objet d'un si beau dévouement, si je souffrais qu'il s'accomplît. Non, Gustave,
je ne permettrai pas que tu t'exposes aux dangers qui
résulteraient pour toi d'une pareille entreprise. Songe à
la douleur que j'éprouverais si tu venais à être arrêté...
Cette idée me fait frémir... C'est bien assez pour moi
d'avoir à me reprocher la mort même involontaire d'un
homme, sans être encore la cause du malheur d'un ami
comme toi.

GUSTAVE.

As-tu résolu de m'impatienter avec toutes tes observations ? — D'abord, pour te rassurer sur un point, je ne cours aucun danger en suivant ce projet ; outre la facilité que me donne la connaissance de tous les chemins de la contrée, je suppose que je sois arrêté par des gardes forestiers, tous me connaissent, et d'un mot j'achète leur silence. Il n'y a que les douaniers sur qui je ne saurais exercer la même action, mais ils ne sont pas encore avertis, et il ne faut pas leur donner le temps de recevoir des ordres... Cependant mettons les choses au pire, et supposons encore que je sois arrêté... qu'en peut-il résulter pour moi ? je serais bientôt reconnu et je subirais tout au plus quelques jours d'arrêt... C'est toujours pour toi du temps de gagné, pendant lequel les efforts de ta mère et ceux de tes protecteurs de Vienne viendront peut-être te tirer d'embarras... Songe donc que le grand prévôt va arriver, et tu sais ce que c'est qu'une sentence prévôtale... Enfin, si tu veux que nous restions amis, il faut...

FRANTZ, *qui pendant cette scène a surveillé ce qui se passe au dehors.*

Messieurs, je crois que vous ferez bien d'aller ailleurs achever votre conversation ; j'aperçois maître Calamus qui se dirige de ce côté ; il a le nez au vent, et l'air empressé : ce qui chez lui annonce quelque chose de bien extraordinaire.

GUSTAVE.

Retirons-nous, Frédéric, les moments sont précieux...

FRÉDÉRIC.

Je ne veux pas te contrarier, et je m'abandonne à ton amitié.

GUSTAVE.

Frantz, il est probable que Calamus est envoyé par Trikman... Je te charge de le sonder, et de faire ce que tu jugeras à propos selon les circonstances.

FRANTZ.

Soyez tranquille, mon capitaine.

SCÈNE VI

FRANTZ, *seul, pendant ces premiers mots.*

Maître Pierre m'a donné une leçon, et je ne ne veux pas qu'il soit dit qu'un hussard reste en arrière avec un paysan. D'ailleurs le père Laplume n'est pas si difficile à brider que son bailli. — (*A maître Calamus, qui traverse le théâtre avec beaucoup d'empressement.*) Holà, hé! père Laplume, où courez-vous donc comme ça ?

MAÎTRE CALAMUS.

Nec mora, nec requies, c'est-à-dire ne m'arrêtez pas.

FRANTZ, *le prenant par le bras et le ramenant sur le devant de la scène.*

Un instant, père Laplume, je suis ici en sentinelle, et l'on ne passe pas sans me donner le mot d'ordre. Où allez-vous ?

MAÎTRE CALAMUS.

Je vais, d'après le commandement exprès de M. le bailli, mettre en réquisition toute la population du pays en état de porter les armes, depuis l'âge de quinze ans jusqu'à soixante, pour aller à la chasse de ce criminel que l'on poursuit.

FRANZ, *en souriant.*

Il ne l'a donc pas trouvé où maître Pierre le conduisait?

MAÎTRE CALAMUS.

Il paraît que non, et, tandis que M. Trikman avec Pierre et quelques gardes battent la forêt de l'Étang, il m'a ordonné de monter à cheval et d'aller avec tout le monde que je pourrais rassembler dans le bois qui est au bout du parc.

FRANTZ, *à part.*

Oh! vous n'y êtes pas encore !... (*Haut..*) Comment, père Laplume, vous vous exposez à monter à cheval après ce qui vous est arrivé?

MAÎTRE CALAMUS.

Infandum jubes renovare dolorem, c'est-à-dire que je

voudrais bien m'en dispenser, car je ne suis pas encore parfaitement guéri de mes dernières chutes... Tenez, monsieur Frantz, vous devriez bien me rendre un petit service.

FRANTZ.

Avec grand plaisir, si c'est possible, maître Calamus.

MAÎTRE CALAMUS.

Chargez-vous vous-même de cette commission, je vous donnerai mes pleins pouvoirs à cet égard ; pour vous qui gouvernez un cheval comme un verbe actif gouverne l'accusatif, ce ne sera qu'une bagatelle, et vous m'aurez rendu un service dont je conserverai le souvenir toute ma vie.

FRANTZ.

Je suis bien fâché de ne pouvoir vous être utile dans cette occasion, mais je suis ici de planton, et je ne puis quitter mon poste avant d'avoir été relevé... Mais il me vient une idée... oh ! mais une idée lumineuse.

MAÎTRE CALAMUS.

Dites vite ; vous savez que je suis pressé.

FRANTZ.

Eh bien ! puisque je ne puis monter à cheval à votre place, c'est de vous donner ici même à l'instant une leçon d'équitation. De cette manière vous pourrez sans danger exécuter les ordres de M. le bailli.

MAÎTRE CALAMUS.

Mais y pensez-vous, monsieur Frantz ? est-ce dans une leçon que je pourrais apprendre ?

FRANTZ.

Certainement : est-ce que vous ne savez pas qu'on enseigne aujourd'hui toutes les sciences et tous les arts à la mécanique... à la vapeur ?... C'est de cette manière abrégée que je veux vous enseigner l'équitation, et dans une leçon d'un quart d'heure vous en saurez autant que vous serez capable d'en apprendre toute votre vie. Vous voyez qu'ainsi vous aurez bientôt regagné le temps perdu, et M. le bailli ne s'apercevra pas de votre absence.

MAÎTRE CALAMUS.

Mais pour apprendre à monter à cheval il me semble qu'il faudrait un cheval.

FRANTZ.

Soyez tranquille nous allons en avoir un... (*Il appelle les laquais.*) Péters, allez dans la petite écurie du manége, vous prendrez Pégase, et vous l'amènerez ici.

MAÎTRE CALAMUS.

Pégase, dites-vous : comment, c'est Pégase que vous voulez me faire monter ?

FRANTZ.

Est-ce que vous le connaissez ?

MAÎTRE CALAMUS.

Si je connais Pégase... le cheval d'Apollon et des Muses, Pégase!... que ce nom chatouille avec délices des oreilles classiques !

FRANTZ.

Je ne savais pas qu'il eût appartenu à tant de monde avant d'être à mon colonel; mais puisque vous le connaissez, vous ne craindrez pas les chutes sur un pareil animal. (*Les quatre laquais apportent le cheval et le placent au milieu du théâtre.*)

MAÎTRE CALAMUS.

Tiens, tiens, mais c'est un cheval de bois; et c'est là-dessus que vous voulez me faire monter? Peut-on avoir ainsi profané le nom de Pégase au point de le donner à un cheval de bois !

FRANTZ.

Prenez-vous-en à mon colonel, car c'est lui qui l'a nommé ainsi... Mais allons vite en besogne... (*Prenant le ton du commandement.*) Préparez-vous à monter à cheval. (*Voyant que Calamus se dirige à droite du cheval.*) Eh bien! où allez-vous donc par là? est-ce que jamais on monte à cheval du côté droit?

MAÎTRE CALAMUS.

C'est pourtant par là que j'ai toujours l'habitude de monter.

FRANTZ.

En ce cas, je ne suis pas surpris si vous tombez souvent. Placez-vous de ce côté-ci, croisez les rênes dans la main gauche, le pied gauche dans l'étrier, la main gauche sur la crinière du cheval, et la droite sur la selle... (*Apercevant Gustave qui sort de sa chambre déguisé.*) Et vous allez rester là immobile, jusqu'à ce que je vous fasse changer de position... Ah ! pour vous désennuyer pendant ce temps-là, vous pouvez me donner une petite leçon de latin, cela fera un petit enseignement mutuel aussi profitable à l'un qu'à l'autre. (*Il va trouver Gustave.*) Mais surtout immobile.

MAÎTRE CALAMUS.

Mais vous ne paraissiez pas vous soucier du latin ?

FRANTZ.

J'ai changé d'avis. D'ailleurs vous ne voudriez pas recevoir des leçons d'équitation pour rien ; ainsi commencez, je vous écoute. (*Frantz et Gustave se parlent bas.*)

MAÎTRE CALAMUS.

Vous avez raison. En ce cas je commence... Il y a en latin neuf espèces de mots, qui sont le substantif, l'adjectif, le pronom, le verbe...

FRANTZ, *l'interrompant.*

Ne tournez donc pas la tête à gauche et tenez le corps plus droit... (*Bas à Gustave.*) Soyez tranquille, mon capitaine... tout ira bien ; dans dix minutes vous aurez gagné le bois du parc, et on ne craindra plus que Calamus ou ses gens vous coupent la retraite. (*Gustave sort. Haut.*) Allons, maintenant vous pouvez monter à cheval.

MAÎTRE CALAMUS, *enfourchant Pégase.*

C'est la première fois que je monte sur un cheval de bois... Il est vrai qu'Horace a dit : *Equitare in arundine longa...* Et puis ce cheval se nomme Pégase... Et le cheval de Troie était aussi un cheval de bois.

FRANTZ.

Qu'est-ce que c'est donc que votre cheval de Troie ?

MAÎTRE CALAMUS.

C'est celui dont les Grecs se servirent pour entrer dans

la ville de Troie. C'était un stratagème imaginé par Ulysse.

FRANTZ.

Allons, moi qui étais si fier de mon invention, ne voilà-t-il pas que ce n'est plus qu'une ruse de guerre renouvelée des Grecs!... La pointe du pied en dedans... tenez votre férule en guise de cravache,... attendez que j'arrange votre plume en forme de panache;... maintenant continuez votre leçon.

MAÎTRE CALAMUS.

Dans la déclinaison il y a six cas. Ce mot vient du latin *casus*, qui signifie chute.

FRANTZ.

Tiens, la déclinaison ressemble donc à votre dernier voyage à cheval, pendant lequel vous êtes tombé six fois.

MAÎTRE CALAMUS.

Ces cas sont le nominatif, le génitif, le datif, l'accusatif, le vocatif et l'ablatif. Le nominatif s'appelle ainsi parce qu'il sert à nommer le sujet de la proposition; et qu'il est, pour ainsi dire, à la tête.

FRANTZ.

Comment voulez-vous que je me souvienne de tous ces mots bizarres? Ne pourriez-vous pas vous exprimer d'une manière plus claire, et me dire, par exemple, une déclinaison, c'est comme une compagnie; le nominatif, c'est le capitaine, les autres sont le lieutenant, le sous-lieutenant, l'adjudant, etc., alors je comprendrais. La main gauche plus élevée, et serrez davantage les rênes.

MAÎTE CALAMUS.

Mais je n'ai vu dans aucune grammaire donner les règles du latin de cette manière, et je pense que personne ne peut m'apprendre à enseigner *scientiarum rudimenta*.

FRANTZ.

Eh bien, moi je me charge de vous en donner des leçons. Ne portez donc pas tant le corps en avant.

SCÈNE VII

LES PRÉCÉDENTS, TRIKMAN *entrant brusquement.*

TRIKMAN.

Que signifie donc tout ceci? Que faites-vous là, maître Calamus? est-ce ainsi que vous songez à exécuter mes ordres.

MAÎTRE CALAMUS.

Certainement, Monsieur, j'y songeais, mais M. Frantz m'a fait observer judicieusement que pour monter à cheval il fallait d'abord savoir y monter; et il me donnait une petite leçon à la mécanique, à la vapeur, comme il l'appelle.

TRIKMAN.

Bon, bon, je vois clair maintenant dans toute cette affaire. Maître Pierre est un fripon, qui a voulu se jouer de moi et de la justice, et M. Frantz est son complice. Descendez de là, maître Calamus, et préparez-vous à me servir en qualité de greffier. (*Maître Calamus descend du côté droit.*)

FRANTZ.

Eh bien, eh bien! que faites-vous donc, père Laplume? ne vous ai-je pas dit qu'il fallait toujours monter et descendre du côté gauche?... Allons, au temps.

MAÎTRE CALAMUS.

C'est juste, en ce cas, je vais recommencer.

TRIKMAN.

Finissez cette plaisanterie, monsieur Frantz; et vous, Calamus, songez à m'obéir. (*Les laquais emmènent le cheval.*) Je sais positivement, monsieur Frantz, que vous avez eu des conférenes avec le criminel dont la justice cherche à s'emparer. Vous l'avez vu ce matin encore dans la ferme de maître Pierre qui était de connivence avec vous, et M. le baron Gustave n'était pas lui-même étranger à tout cela, j'en ai la preuve: qu'avez-vous à répondre?... D'abord, où est M. le baron?

FRANTZ.

Mon capitaine m'a défendu de répondre quoi que ce soit
aux questions qu'on pourrait m'adresser sur lui ou sur ce
qui le concernait, excepté à son père.

TRIKMAN.

Je savais bien qu'il y avait complot; mais aucune considération ne me fera trahir mon devoir. Eh bien! puisque
vous refusez de parler quand je vous interroge *extra-judi-
ciairement*, je vais vous faire subir un interrogatoire légal.
Nous verrons si vous refusez de répondre à la justice. (*A
Calamus.*) Greffier, passez-moi ma robe.

MAÎTRE CALAMUS, *en mettant la robe à Trikman.*

Cedant arma togæ... C'est-à-dire qu'un hussard doit
obéissance à un bailli.

FRANTZ, *à part, pendant que le bailli passe sa robe et que
maître Calamus prépare la table pour écrire.*

Ah çà! mais ceci commence à devenir sérieux. Mon capitaine ne m'avait pas prévenu qu'il y aurait un interrogatoire légal... Comment me tirer de là!... Je n'ai qu'un
moyen c'est de le mettre tout à fait en colère. Je n'aurai
pas grand'peine, je crois, car il paraît déjà d'assez mauvaise humeur.

TRIKMAN.

Approchez, monsieur Frantz, approchez : moi, Basile-
Léonard Trikman, bailli du comté de Liestenacht, je vous
ordonne au nom de la loi et de S. M. l'empereur d'Au-
triche, roi de Hongrie, de Bohême, et du royaume lom-
bardo-vénitien, etc. etc. etc., de répondre catégorique-
ment et avec sincérité aux questions que je vais vous
adresser... Greffier, ayez soin d'écrire exactement les
demandes et les réponses.

MAÎTRE CALAMUS.

Sufficit, monsieur le bailli.

FRANTZ, *à mesure qu'il s'approche du bailli, paraît faire des
efforts pour s'empêcher de rire; il finit par éclater.*

(*Riant.*) Ah! ah! ah! monsieur Trik, je ne vous avais

jamais vu dans cet accoutrement : ça vous donne un air
si drôle, si drôle, que je ne puis m'empêcher de rire ;
ah ! ah !

TRIKMAN.

Monsieur Frantz, aurez-vous bientôt fini ?... Savez-vous
que ce que vous faites là est de la dernière inconvenance,
et pourrait vous attirer des désagréments sérieux... Que
trouvez-vous donc d'extraordinaire à ce costume ?

FRANTZ.

Eh bien ! à vous parler franchement, puisque vous
m'avez ordonné au nom de la loi et de l'Empereur, de répondre avec sincérité à vos questions, je trouve que,
sous ce costume, vous avez une véritable figure à gourmettes.

TRIKMAN.

Une figure à gourmettes !... Voudriez-vous m'expliquer
une pareille expression ?

FRANTZ.

Cela veut dire... Oh ! mais, c'est que plus je vous envi-
sage, plus je trouve que c'est frappant !... Cela veut dire
que vous ressemblez comme deux gouttes d'eau au quatrième cheval du second rang du premier escadron de
notre régiment.

TRIKMAN, *se levant avec colère.*

C'en est trop, cette fois ; je vais dresser procès-verbal
contre vous, et je vous ferai voir s'il est permis de manquer ainsi de respect à la justice.

FRANTZ.

Et qui songe à vous manquer de respect ? Vous vous
fâchez d'une comparaison qui n'a rien d'offensant. Savez-
vous que le cheval dont je vous parle est la plus belle et
la meilleure bête du régiment, beau poil noir, comme
votre robe, avec une tache blanche au poitrail, comme
votre rabat. Du reste il est sans défaut, plein de feu, de
courage, et cependant il est docile et ne s'emporte jamais.
Vous voyez, monsieur le bailli, qu'au moins, sous ce dernier rapport, il a un avantage sur vous, car vous venez de

vous emporter comme si l'on vous eût enfoncé les éperons jusqu'aux molettes.

TRIKMAN.

Bon, bon; continuez vos railleries insultantes... rira bien qui rira le dernier !

(*Entre un domestique qui s'adresse au bailli.*)

UN LAQUAIS.

Monseigneur vient d'arriver, et il m'envoie vous dire, monsieur le bailli, d'aller lui parler sur-le-champ.

TRIKMAN.

C'est bon, j'y vais.

FRANTZ, *à part.*

Mon colonel déjà arrivé !... Et M. Gustave qui ne lui a pas parlé !

TRIKMAN.

Calamus, donnez-moi les papiers qui concernent l'affaire d'aujourd'hni, rassemblez tous les autres, et allez m'attendre au greffe.

MAÎTRE CALAMUS.

Faut-il avertir la force armée !

TRIKMAN.

Il serait bien temps, vraiment ?...Je l'ai fait moi-même avant de venir ici, où je me doutais bien que Frantz vous aurait retenu. (*Calamus sort. — A Frantz.*) Eh bien ! vous ne paraissez plus si gai, depuis que vous savez que Monseigneur est arrivé... Je vous le disais bien tout à l'heure, rira bien qui rira le dernier.

FRANTZ.

Est-ce que par hasard vous croyez que je redoute la présence de mon colonel? Je sais bien que vous allez lui faire un rapport bien noir, bien chargé, et surtout bien ridicule, de tout ce qui s'est passé; je sais bien que moi, surtout, je ne serai pas épargné; eh bien, d'un mot, j'aurai bientôt détruit ce que vous aurez fait.

TRIKMAN.

C'est ce que nous verrons.

5*

FRANTZ.

Avez-vous remarqué, monsieur Trik, la différence de
réception que mon colonel fait à vous et à moi?... Quand
vous voulez lui parler, vous vous approchez de lui en faisant des saluts si bas, si bas, que votre menton descend à
la hauteur de vos genoux; et l'on dirait que vous marchez
à quatre pattes. Pour moi, je me présente devant lui sans
fierté, mais aussi sans bassesse, les deux talons sur la même
ligne, la tête haute, le revers de la main droite au shako,
et je lui dis : « Bonjour, mon colonel! — Ah! c'est toi, me
dit-il, mon vieux! eh bien! comment vas-tu aujourd'hui? »
Et puis nous parlons de nos campagnes, de nos vieilles
guerres, et souvent il me fait boire avec lui quelques
gouttes de bonne eau-de-vie de France... Et vous, quand
vous lui avez dit deux mots, il vous répond sans seulement
vous regarder : Suffit, monsieur Trik, on verra cela : ou
bien, vous repasserez demain.

TRIKMAN.

Je sais que ce sont les bontés de Monseigneur qui vous
rendent si hardi; mais quand il saura...

FRANTZ.

Écoutez, monsieur Trik, je n'ai que deux mots à vous
dire, et je vous laisse aller trouver mon colonel, qui vous
attend... S'il arrivait par hasard, ce que je ne puis croire
et que je regarde comme impossible; mais enfin s'il arrivait que votre rapport fît sur son esprit une impression dé-
favorable pour moi, retenez bien ce que je vais vous dire.
Vous m'avez vu tout à l'heure donner une leçon d'équitation au greffier, eh bien! dans ce cas, j'apprendrais à
danser au bailli. (*Il lui fait un geste indiquant qu'il lui
donnerait des coups de bâton.*) Vous comprenez?

TRIKMAN, *en s'en allant.*

De mieux en mieux, des insultes d'abord, des menaces
ensuite...

FRANTZ.

Oui, oui, des menaces; et souvenez-vous que jamais
Frantz n'a manqué à sa parole.

SCÈNE VIII

FRANTZ, FRÉDÉRIC.

FRANTZ.

Il n'en est pas moins vrai que l'absence de mon capitaine
m'embarrasse furieusement, et si mon colonel m'interroge, je ne saurai quoi lui répondre.

FRÉDÉRIC, *entr'ouvaant la porte pendant ces mots de Frantz.*

Frantz, es-tu seul?

FRANTZ.

Ah! vous voilà!... Entrez, ne craignez rien, je ne suis
pas fâché de vous voir ; j'ai encore des nouvelles à vous apprendre.., Mais vous êtes bien imprudent de sortir ainsi,
un peu plus tôt vous auriez rencontré ici quelqu'un qui est
terriblement acharné à votre poursuite.

FRÉDÉRIC.

Je sais ce que tu veux dire, et de quelles nouvelles tu
veux me parler, j'ai tout entendu. J'étais là, blotti derrière
cette porte, et j'ai ri de bon cœur de ta leçon d'équitation
et de ton interrogatoire. J'ai attendu le moment où j'ai
pensé te trouver seul pour sortir et te remettre ce billet
que Gustave a écrit à son père en partant. Il devait te le
donner lui-même, mais son empressement à s'éloigner le
lui a fait oublier sur la table, et moi je suis venu guetter
l'instant favorable pour te trouver seul.

FRANTZ.

Bon! me voilà débarrassé d'un poids qui me pesait terriblement sur les épaules ; car au moment où vous êtes
entré, j'étais fort inquiet de ce que je devais répondre à
mon colonel s'il venait à m'interroger.

FRÉDÉRIC.

Cette lettre ne te dispense pas d'avoir beaucoup de prudence... Gustave n'y parle à son père que d'une manière
générale; il n'entre dans aucun détail : ainsi il faut bien te
garder de dire, même à M. le comte, que je suis caché
dans le château.

FRANTZ.

Allons, je vois maintenant que vous ne m'ôtez guère que la moitié de mon fardeau... Mais... chut... rentrez vite dans votre observatoire, d'où vous voyez et vous entendez si bien tout ce qui se passe... J'entends mon colonel et Trikman qui arrivent ici, et il paraît que la conversation s'échauffe. (*Frédéric rentre.*) Pour moi, je ne veux pas essuyer le premier coup de feu, et je bats en retraite. (*Frantz sort.*)

SCÈNE IX

LE COMTE, TRIKMAN.

LE COMTE.

Tâchez donc, monsieur Trik, de vous expliquer plus clairement, si vous pouvez ; car avec votre verbiage vous avez le talent d'embrouiller les affaires les plus simples. Dans tout ce que vous m'avez dit, ce que j'ai pu comprendre, c'est qu'il s'agit d'un duel, que l'un des combattants a succombé, et que l'autre est poursuivi ; mais quel rapport cela peut-il avoir avec mon fils, avec Frantz, avec Pierre, mon fermier, dont vous m'avez mêlé les noms à toute cette histoire ?

TRIKMAN.

D'abord, Monseigneur, c'est maître Pierre qui a commencé. Il m'a dit qu'il avait parlé au fugitif ; qu'il était à l'Étang-Neuf, et qu'il s'offrait de m'y conduire... M. le baron Gustave, remarquez bien cette circonstance, Monseigneur, M. le baron Gustave m'a dit que je pouvais me fier à maître Pierre... Là-dessus nous sommes partis... Et, arrivés à l'endroit désigné, nous n'avons trouvé personne, excepté le cheval du criminel, qui était mort de fatigue et de besoin... Sur ce, j'ai demandé à maître Pierre à quelle heure il avait vu là celui que nous cherchions ; sur quoi il m'a répondu qu'il l'avait vu hier, mais qu'apparemment il ne nous avait pas attendus : de tout quoi j'ai d'abord dressé procès-verbal... Ensuite est venu le tour de Frantz.

LE COMTE.

Mais vous m'assommez avec vos narrations sans fin, et voilà dix fois que vous me répétez la même chose. Voyons un peu ces papiers... Peut-être s'expliqueront-ils plus clairement que vous... (*Il parcourt les papiers que lui remet Trikman.*) Voilà la lettre du grand prévôt, je l'ai lue... *Interrogatoire de maître Pierre...* Vous venez de m'en rendre compte ; ah ! *Interrogatoire de Frantz.* Celui-ci nous apprendra quelque chose, parce que Frantz est incapable de trahir la vérité.

TRIKMAN.

Pardon, Monseigneur ; je n'ai rien pu savoir de Frantz, et son interrogatoire était à peine commencé quand vous m'avez fait appeler.

LE COMTE.

Cependant je vois beaucoup d'écriture... *L'an mil huit cent quarante,* etc. *Par-devant moi a comparu le nommé Frantz, hussard au régiment de Liestnacht, auquel j'ai ordonné au nom de la loi et de S. M...,* etc. etc. Ah ! voici les demandes et les réponses. *Interrogé pourquoi il avait ri en approchant de M. le bailli, a répondu qu'il trouvait que mondit sieur bailli avait une figure à gourmettes.* Ah ! ah ! voilà du curieux.

TRIKMAN, *à part.*

Allons, allons, encore des bêtises de maître Calamus.

LE COMTE.

Continuons... *Interrogé sur ce qu'il entendait par cette expression de figure à gourmettes, a répondu que c'était parce que M. le bailli ressemblait parfaitement au quatrième cheval du deuxième rang du premier escadron du régiment...*

TRIKMAN.

C'est inutile, Monseigneur, d'en lire davantage. C'est cet imbécile de Calamus qui a eu la sottise d'écrire toutes les impertinences de M. Frantz.

LE COMTE.

Est-ce que par hasard maître Calamus est aussi du complot ? Vous ne m'aviez pas encore parlé de lui... Tenez, monsieur Trik, dans tout cela je vois tout simplement une mystification qu'on aura voulu vous faire subir, et l'on aura profité du mois d'avril pour vous jouer ce tour.

TRIKMAN.

Mais Monseigneur me permettra de lui représenter que la lettre du grand prévôt ne peut-être un poisson d'avril; que la tristesse et l'air abattu de M. Gustave depuis son retour de Vienne n'annonçaient guère des dispositions à vouloir s'amuser; que les courses continuelles de Frantz, ses entretiens mystérieux avec M. le baron, n'annonçaient pas non plus quelque chose d'ordinaire. Enfin que direz-vous de l'absence de votre fils en ce moment, lui qui savait que d'un instant à l'autre vous pourriez arriver?

LE COMTE, *à part.*

Ces observations ne manquent pas tout à fait de justesse: mais je n'aime pas à les entendre de sa bouche. (*Haut.*) Eh bien! que pouvez-vous conclure de là?... Pierre est un honnête homme qui m'est entièrement dévoué; Frantz est la loyauté et la franchise même; quant à mon fils, il ne m'appartient pas d'en faire l'éloge, mais il est peu d'hommes de trente et même de quarante ans qui aient autant de raison et de maturité qu'il en montre à vingt-deux.

TRIKMAN.

Certainement, Monseigneur, et je suis le premier à rendre justice aux qualités de M. le baron... Mais enfin il est jeune, il est militaire, il peut avoir été entraîné, et s'il n'a pas été acteur dans ce duel, il est possible qu'il ait été témoin, ou que du moins il y ait pris une part plus ou moins directe.

LE COMTE.

Vous m'impatientez, monsieur Trik, avec toutes vos réflexions. Contentez-vous de me raconter les faits, et laissez-moi, je vous en prie, en tirer les conséquences moi-même.

Je n'aime pas que vous vous permettiez de vouloir faire passer mes idées à travers votre cerveau... Allez dire à Frantz de venir me parler.

TRIKMAN.

Mais, Monseigneur...

LE COMTE.

Allez, vous dis-je... (*Trikman sort.*)

SCÈNE X

Le COMTE, *seul.*

Quelle que soit ma confiance en Gustave, je ne suis pas sans inquiétude, et malgré moi les réflexions de Trikman me tourmentent... un père s'alarme facilement... et moi qui ce matin encore étais si heureux en pensant que j'allais embrasser un fils dont je suis séparé depuis deux ans; moi qui comptais sur une fête, sur une réception brillante, j'arrive... mon fils est parti... On ne sait où il est... tous mes gens, tous mes vassaux, qui devraient se trouver à ma rencontre, sont devenus des archers du grand prévôt.

SCÈNE XI

LE COMTE, FRANTZ.

FRANTZ *s'avance en marchant militairement; il s'arrête à quelque distance et porte la main à son shako.*

Mon colonel !...

LE COMTE.

Ah ! c'est toi, Frantz... Approche... Où est mon fils ?

FRANTZ.

Voilà un billet de lui qui vous l'apprendra sans doute.

LE COMTE.

Voyons. (*Il rompt le cachet, et pendant qu'il le lit.*)

FRANTZ, *à part.*

Il n'a pas l'air de bonne humeur... gare la bombe !...

LE COMTE, *après avoir lu.*

Cette lettre ne m'apprend pas grand'chose, si ce n'est qu'il s'absente pendant quelques heures du château pour rendre un service important à un ami. Mais quel est cet

ami? quelle est la nature de ce service? Cela a-t-il du rapport avec le duel de Frédéric de Lorbach, dont me parlait
tout à l'heure le bailli? Il ne me dit rien... Certes, ce n'est
pas moi qui le blâmerai de son dévouement pour un ami;
mais ce dévouement doit avoir des bornes. Quelquefois on
s'engage imprudemment, et par une sorte d'enthousiasme
romanesque, à s'associer à des actions illicites et justement condamnées par les lois... Je n'appelle plus cela servir un ami, mais se rendre complice de sa faute... Et toi,
Frantz, que j'ai chargé, depuis son enfance, de veiller sur
Gustave, toi dont il écoutait les conseils que lui dictaient
ton expérience et ton dévouement, comment as-tu fait
pour ne pas le retenir dans cette occasion et le rappeler à
son devoir?

FRANTZ.

Ce que je puis vous dire, mon colonel, c'est que, dans
cette affaire, Monsieur votre fils n'a rien fait de contraire
à l'honneur et à la loyauté.

LE COMTE.

Une pareille déclaration de ta part me rassure, parce
que je connais ta franchise et que je sais que tu es incapable de me tromper; cependant...

SCÈNE XII

LE COMTE, FRANTZ, TRIKMAN entrant avec
empressement.

TRIKMAN.

Victoire! Monseigneur, victoire!... le criminel est arrêté!...

FRANTZ, à part.

Mon capitaine est arrêté!

LE COMTE.

Où l'a-t-on conduit? qu'en allez-vous faire?

TRIKMAN.

J'ai ordonné qu'on l'amenât dans cette salle qui sert aux

audiences solennelles du bailliage, voulant faire l'interrogatoire sous les yeux de Monseigneur lui-même, qui pourra
y prendre part, si cela lui convient.

LE COMTE.

Je vous remercie de votre déférence ,... mais je ne suis
nullement disposé à me mêler de cette affaire... C'est bien
assez, je pense, qu'en ce jour où je comptais trouver mon
château dans le plaisir et la joie, je le voie transformer en
palais de justice.

TRIKMAN.

Ce n'est pas ma faute, Monseigneur ; j'avais fait des préparatifs magnifiques pour cette journée, sans compter une
grande surprise que je réservais pour terminer la fête ;
mais ces événements imprévus ont tout dérangé.

LE COMTE.

Je ne saurais blâmer votre zèle, et sans doute il vaut
mieux que ma fête soit interrompue que le cours de la
justice ; mais je ne vois pas pour moi la nécessité d'assister à cette séance ; ainsi je me retire... Frantz, tu m'aver-
tira dès que Gustave sera de retour.

FRANTZ.

Oui, mon colonel... (*A part.*) Et ce ne sera pas long.

SCÈNE XIII

FRANTZ, TRIKMAN, *un huissier.*

FRANTZ.

Et qui donc a arrêté mon cap... le fugitif, je veux dire ?
serait-ce vous, monsieur Trikman ?

TRIKMAN.

Hélas ! non, ce n'est pas moi, je n'ai pas eu tant de bonheur, ce sont deux mille cinq cents florins que je perds ;
et c'est vous, monsieur Frantz, qui en êtes peut-être la
cause ; mais nous réglerons cela plus tard. Occupons-nous
maintenant du plus pressé. (*A l'huissier qui entre.*) Huissier,
arrivez donc, je vous attends impatiemment pour préparer
la salle d'audience.

L'HUISSIER.

Pardon, monsieur le bailli, c'est que j'ai été obligé de faire une pratique qui ne pouvait attendre. Il m'a fallu raser un des archers du grand prévôt, celui qui vous a apporté ce matin une lettre, et que vous avez chargé d'aller annoncer à son patron l'arrestation du prisonnier.

FRANTZ, *riant.*

Tiens, mais c'est toi, Beaumé? je ne te reconnaissais pas. Tu n'es donc plus maréchal ferrant?

L'HUISSIER.

Pardon, monsieur Frantz, je suis maréchal ferrant de M. Trikman artiste vétérinaire, chirurgien; barbier de M. Trikman docteur, et huissier audiencier de M. Trikman bailli, et toujours Beaumé, pour vous servir de la plume, du rasoir ou du marteau.

TRIKMAN, *à Frantz.*

Ne l'amusez pas... Allons, huissier, vite en besogne.... (*A part, pendant que l'huissier range les tables et les chaises.*) Oui, monsieur Frantz, malgré toutes vos intrigues, notre homme a été arrêté au moment où il passait la frontière; il paraît même qu'il a fait quelque résistance, et que les douaniers qui l'ont pris ont été obligés de faire le coup de fusil.

FRANTZ, *avec vivacité.*

Comment! que dites-vous?... l'auraient-ils blessé? mille carabines! si j'eusse été là, plus d'un parmi eux aurait fait connaissance avec la lame de mon sabre!

TRIKMAN.

Rassurez-vous, il n'est pas blessé, et vous allez le revoir bien portant... Mais vous venez de prononcer des paroles qui me prouvent plus que tout le reste que vous êtes fauteur ou complice du coupable, et vous ne pouvez pas le nier, nous avons ici un témoin. (*S'adressant à l'huissier.*) Maître Beaumé, vous avez entendu ce que vient de dire M. Frantz?

L'HUISSIER, *d'abord avec quelque embarras.*

Pardon, Monsieur, j'étais occupé... Je n'étais pas très-attentif à votre conversation. (*Avec assurance.*) Mais c'est égal, si vous le désirez, j'ai tout entendu, et je prêterai serment au besoin.

TRIKMAN.

C'est bien. En conséquence, de même que j'ai sommé maître Pierre à comparaître pour le confronter avec l'accusé, je vous somme de comparaître immédiatement pour le même objet.

FRANTZ.

Bien volontiers; puisque votre prisonnier n'est pas blessé, vous pourrez nous confronter ensemble tant que vous voudrez.

TRIKMAN.

C'est ce que nous'allons faire, car j'entends notre monde qui arrive.

SCÈNE XIV

LES PRÉCÉDENTS, CALAMUS, MAÎTRE PIERRE GUSTAVE *déguisé*, GARDES, PAYSANS.

TRIKMAN, *aux gardes.*

Placez-vous de ce côté avec votre prisonnier. Monsieur Pierre et monsieur Frantz, passez ici. Greffier, asseyez-vous là, n'allez pas me faire des bévues comme tantôt... Huissier, faites faire silence.

L'HUISSIER, *d'une voix clapissante.*

Silence, Messieurs!...

TRIKMAN.

Approchez, grand coupable, approchez... mettez-vous là, plus près... là... (*Prenant un ton d'importance.*) L'interrogatoire que je vais vous faire subir n'est que préparatoire; vous répondrez plus tard et plus en détail à M. le grand prévôt; mais je vous demanderai seulement quelles relations vous avez eues avec ces deux hommes? (*Après un moment de silence.*) Vous ne répondez rien?

L'HUISSIER.

Silence, Messieurs!...

TRIKMAN.

Greffier, écrivez qu'il refuse de répondre... Huissier, avez-vous vérifié si la grande potence est en état?... Si le prévôt trouve à propos de rendre le jugement ici, où nous jouissons du droit de haute, moyenne et basse justice, vous savez que ces sortes de jugements sont exécutoires dans les vingt-quatre heures.

L'HUISSIER.

Oui, Monsieur, je l'ai ferrée moi-même ce matin.

FRANTZ, *à part.*

Tiens, faire pendre mon capitaine, il ne manquait plus que cela! Est-il bête, est-il bête, ce Trikman!

TRIKMAN.

Eh bien! Monsieur, puisque vous vous obstinez à garder le silence, je vous ordonne, au nom de la loi et de S. M. l'Empereur, de quitter votre déguisement, et surtout ce chapeau et cette cravate qui vous cachent la figure.

TRIKMAN, *continuant.*

Greffier, écrivez le signalement du prévenu.
(*Gustave ôte sur-le-champ son chapeau, sa cravate et son manteau.*)

MAÎTRE CALAMUS *lève les yeux.*

Bonc Deus!... Regardez donc, monsieur Trikman.

TRIKMAN *se lève troublé.*

Grand Dieu! que vois-je?... monsieur le baron Gustave!... Ah! monsieur le baron est-il possible? Comment se fait-il? Ah! je vous demande pardon...
(*Pendant tout ce temps les autres personnages s'agitent avec désordre.*)

GUSTAVE, *avec calme.*

Eh bien! qu'avez-vous donc?... pourquoi tout ce désordre! D'après le signalement qu'on vous a envoyé, vous reconnaissez en moi celui que vous étiez chargé de faire arrêter... On m'a pris au moment où j'allais passer la frontière... Je suis votre prisonnier, vous devez savoir ce qui vous reste à faire.

MAÎTRE PIERRE.

Comment, monsieur Gustave, vous voulez donc qu'il
vous fasse pendre! vous l'avez entendu!... Jarnicoton!
s'il avait le malheur de vous toucher seulement du bout du
doigt, je le casserions comme une allumette.

FRANTZ.

Mon capitaine, je suis chargé de vous dire de la part
de mon colonel d'aller lui parler aussitôt que vous seriez
arrivé.

GUSTAVE.

Mon père est ici, tant mieux; mais je ne puis me rendre
à ses ordres sans la permission de M. Trikman, dont je
suis le prisonnier. S'il veut cependant, je lui engage ma
parole d'honneur d'être de retour dans un instant avec
mon père, sinon, qu'il me fasse accompagner jusqu'à son
appartement.

TRIKMAN.

Monsieur baron veut plaisanter, sans doute... il sait
bien qu'il est libre chez lui... (*Gustave sort.*)

SCÈNE XV

LES PRÉCÉDENTS, EXCEPTÉ GUSTAVE.

TRIKMAN.

Voilà une affaire bien singulière...

FRANTZ.

Oui, c'est assez singulier, en effet, faire pendre un fils
le jour de la fête de son père!... C'est un joli bouquet à
lui offrir. Était-ce là par hasard la grande surprise que
vous prépariez à mon colonel, et dont vous faisiez tant de
mystère?...

MAÎTRE PIERRE.

M'est avis, monsieur le bailli-docteur, que vous avez
bouté aujourd'hui vos lunettes de travers... Vous voyiez
tantôt dans un paysan comme moi, un baron, et à cette
heure, dans un baron, vous voyez un homme à pendre.

Il me tarde de savoir comment Monseigneur va trouver ça,
et s'il sera ben content de son bailli.

MAÎTRE CALAMUS.

Errare humanum est, c'est-à-dire que, pour être bailli,
on n'est pas infaillible.

TRIKMAN.

Laissez donc, maître Calamus, ne prenez pas la
peine de répondre aux sottes railleries de ces hommes-là.
Croient-ils que je sois bien en peine de moi. Si la famille de Liestenacht ne veut plus de mes services, n'ai-je
pas à Vienne la famille Krasfeld, qui, d'après le zèle
que j'ai déployé en cette occasion, ne m'abandonnera
jamais?

FRANTZ.

En ce cas je vous conseille de vous rendre à Vienne
sur-le-champ... je vous promets que vous ferez un chemin
rapide; vous avez tout ce qu'il faut pour cela : souple et
rampant avec vos supérieurs, orgueilleux avec vos égaux,
insolent avec vos inférieurs, intrigant et sot avec tout le
monde... Avec ces qualités, on ne peut manquer de réussir dans le siècle où nous sommes.

SCÈNE XVI

LES PRÉCÉDENTS, GUSTAVE, LE COMTE.

LE COMTE.

C'est bien, Gustave, je suis content de toi.

TRIKMAN, *à part.*

Content de lui, ma foi, je n'y comprends plus rien!

LE COMTE.

M. Trik, vous pouvez continuer vos opérations, je vous
remets votre prisonnier.

TRIKMAN.

Comment, c'est donc réellement M. le baron Gustave
qui a tué un homme en duel? je m'en étais presque douté.

L'HUISSIER.

Messieurs, je vous annonce l'arrivée du grand prévôt; je

viens de l'apercevoir qui descend de cheval auprès de la grille.

TRIKMAN.

En ce cas mes fonctions cessent; et c'est lui qui va continuer l'interrogatoire... Huissier, placez-vous à la porte pour l'introduire.

SCÈNE XVII

LES PRÉCÉDENTS, LE GRAND PRÉVOT.

L'HUISSIER, *annonçant.*

M. le grand prévôt!....

LE GRAND PRÉVÔT *s'avance auprès du comte en le saluant.*

Monsieur le comte, je suis fâché que l'exécution des ordres donnés à votre bailli ait jeté un peu de trouble et de confusion chez vous dans un jour qui ne devait être consacré qu'à la joie; mais je vais me hâter de vous délivrer de tout cet embarras. Où est le prisonnier?

SCÈNE XVIII

LES PRÉCÉDENTS, FRÉDÉRIC.

FRÉDÉRIC, *sortant de la chambre où il était enfermé, s'écrie d'une voix forte:*

Le voilà !... (*Tous les regards se portent sur lui.*)

GUSTAVE.

Malheureux, que viens-tu faire ici?... Monsieur le grand prévôt, c'est moi qui ai été arrêté; le bailli avait commencé mon interrogatoire au moment de votre arrivée; ainsi c'est moi qui suis votre prisonnier.

TRIKMAN.

Allons, ce matin on ne pouvait pas en attraper un, et ce soir en voilà deux.

FRÉDÉRIC.

Finis, Gustave... je t'en conjure... tu as assez fait pour l'amitié... je ne souffrirai pas que ton dévouement aille plus loin... Je vous demande pardon, monsieur le comte, des inquiétudes et des soupçons que cette affaire vous a occasionnés un instant, et je vous remercie de vous être associé à Gustave pour me sauver quand il vous a eu fait connaître ma véritable position. Ce souvenir et celui de son amitié me suivront jusqu'au tombeau. (*Se tournant vers le grand prévôt et le bailli.*) Messieurs, c'est moi qui suis Frédéric de Lorbach, c'est moi qui ai blessé le jeune Krasfeld... Un ami a voulu prendre mon déguisement et passer la frontière pour faire croire que je l'avais franchie moi-même... N'ayant pas réussi dans ce projet, il ne s'est point découragé, et vous l'avez entendu tout à l'heure demander à porter les fers qui me sont destinés... En m'opposant à cet excès de générosité, je ne fais que remplir mon devoir... Maintenant que vous me connaissez, Messieurs, c'est à vous de faire le vôtre.

TRIKMAN, *lui mettant la main sur l'épaule.*

En ce cas, au nom de sa Majesté l'Empereur, je vous arrête... Monsieur le grand prévôt, vous remarquerez que c'est moi qui l'ai arrêté.

LE GRAND PRÉVÔT.

Modérez votre zèle, monsieur le bailli, ou du moins réservez-le pour une autre occasion, il est ici tout à fait inutile... Messieurs, je vous demande pardon de n'avoir pas mis fin plus tôt à toutes vos inquiétudes; mais j'avoue que je n'ai pas voulu me priver du spectacle que vient de m'offrir ce noble combat de l'amitié (*s'adressant à Gustave et à Frédéric*), et vous me saurez gré sans doute de vous avoir donné à l'un et à l'autre l'occasion de manifester des sentiments qui ne peuvent que resserrer les liens qui vous unissent. Monsieur le comte, en vous annonçant que j'allais faire cesser votre embarras, je n'entendais pas dire que j'allais emmener le prisonnier pour lui faire son procès. La brusque apparition de M. Frédéric ne m'a pas permis d'achever de remplir ma mission, qui heureusement se trouve aujourd'hui d'une nature plus pacifique que de coutume. Approchez, monsieur de Lorbach...

Après avoir reçu des ordres très-sévères contre vous, on vient de m'en adresser d'autres tout différents, et qu'il m'est bien plus doux de faire exécuter... S. M. l'Empereur, sur les informations qu'elle a fait prendre, et d'après la propre déclaration du jeune Krasfeld, qui se trouve maintenant hors de danger, ayant reconnu que dans votre affaire il n'y avait pas eu duel proprement dit, mais que vous ne vous étiez battu qu'en légitime défense, ordonne de cesser toute poursuite contre vous ; puis, en reconnaissance des services que M. le baron votre père a rendus à l'État, et sur la demande de madame votre mère, l'Empereur vous nomme lieutenant de hussards dans le régiment de Liestenacht... Voilà votre brevet... Colonel, voilà la lettre qui vous fait part de cette nomination.

GUSTAVE.

Que de bonheur à la foi !... Frédéric hors de danger est devenu mon frère d'armes !

LE COMTE.

Tu peux dire ton frère réellement; car, dès ce jour, je compte en vous deux fils.

FRÉDÉRIC.

Assez, Monsieur, assez, vous m'accablez... mon cœur ne peut suffire à tant d'émotion... Comment ma bouche pourrait-elle exprimer tout ce que je ressens?... Et ma reconnaissance...

GUSTAVE.

Allons, laissons pour le moment l'émotion,... la reconnaissance,... et songeons à célébrer gaiement la fête de mon père... Monsieur le grand prévôt nous fera-t-il l'honneur d'y assister ?...

LE GRAND PRÉVÔT.

Bien volontiers... Je n'ai pas souvent l'occasion de me trouver à des fêtes, et celle-ci m'offre trop d'attraits pour que je refuse votre aimable invitation (*Au moment où tout le monde va se retirer, Trikman s'adresse au grand prévôt.*)

TRIKMAN.

Eh bien! Monsieur, et les deux mille cinq cents florins promis à celui qui arrêterait M. Frédéric, est-ce que je ne les aurai pas? Vous avez vu vous-même que c'est moi qui l'ai arrêté.

LE GRAND PRÉVÔT.

C'est juste... Mais j'ai oublié de vous dire que le ministre dans sa lettre me charge de payer seulement les frais qu'auraient occasionnés jusqu'ici les poursuites; quant à la promesse de deux mille cinq cents florins, comme M. de Lorbach n'est pas coupable, elle doit être considérée comme non avenue.

TRIKMAN.

Tiens, ça ne me paraît guère juste... Est-ce ma faute à moi si le coupable est innocent? Allons, voilà mes espérances trompées de ce côté.

MAÎTRE CALAMUS.

Spes et fortuna, valete; c'est-à-dire : adieu paniers, vendanges sont faites.

FIN DU DEUXIÈME ET DERNIER ACTE.

LE REVENANT

ou

LE TROMPEUR TROMPÉ

DRAME EN TROIS ACTES ET EN PROSE

PERSONNAGES.

—

GARRICK, célèbre auteur anglais et directeur du théâtre de Drury-Lane, de 1766 à 1779.

PLUMP, aubergiste, Anglais.

BLIND, constable (commissaire).

GOUVERNET, peintre-décorateur, Français.

WILDE.

GEORGES, sommelier de Plump.

TOM, domestique de Plump.

Madame PLUMP.

JAMES et JOHN, ouvriers de Gouvernet.

Soldats du guet.

Crieur du Star (journal du soir).

Souffleur.

*Aux trois actes la scène se passe à Londres, en 1765,
dans l'auberge de Plump.*

LE REVENANT

ou

LE TROMPEUR TROMPÉ

ACTE PREMIER

—

SCÈNE PREMIÈRE.

PLUMP, BLIND, GARRICK, WILDE.

BLIND.

Je ne vois pas bien clair dans cette affaire-ci. Vous, monsieur Wilde, vous vous prétendez lésé d'une manière notable dans la succession qui vous est échue par le décès de monsieur votre père, mort dans cette hôtellerie il y a environ un mois; M. Plump, de son côté, soutient qu'il vous a rendu scrupuleusement tout ce qu'a laissé monsieur votre père après sa mort, et il réclame les frais qu'il a été obligé d'avancer pendant sa maladie et pour son inhumation. Voyons, Messieurs, qu'avez-vous à alléguer de part et d'autre à l'appui de vos assertions? — Parlez, monsieur Wilde, c'est vous qui êtes le demandeur.

WILDE.

Je n'ai rien à ajouter à ce que j'ai dit tout à l'heure; veuillez donc m'épargner la douleur de recommencer un récit pénible et désormais inutile.

GARRICK.

Permettez, Monsieur, qu'à la place de M. Wilde...

BLIND, *interrompant.*

Et d'abord, Monsieur, avez-vous qualité pour parler?

GARRICK.

Si j'ai qualité pour parler? qu'est-ce que cela signifie?
je ne vous comprends pas.

BLIND.

C'est-à-dire, êtes-vous avocat, procureur ou notaire,
homme de loi, enfin?

GARRICK.

Je suis quelquefois tout cela... mais en ce moment je
ne suis que l'ami de M. Wilde, comme je l'étais autrefois
de son père, et c'est à ce titre que je m'intéresse à tout ce
qui le regarde

PLUMP.

Messieurs, dépêchez-vous, je vous prie; je suis très-
pressé. Le roast-beef est à la broche, et l'on vient de me
commander un plum-pudding, qui doit être prêt dans une
demi-heure.

GARRICK.

Je ne serai pas long. — Il y a environ deux mois que
M. Wilde est venu de Liverpool à Londres pour recevoir
une somme de huit mille livres sterling, provenant de la
vente de son fonds de commerce. C'était à peu près là
toute sa fortune, et le fruit de quarante ans d'épargnes et
de probité. — Il a touché cette somme en billets de
banque et en or, le 17 du mois dernier, ainsi que nous en
avons la preuve par la quittance écrite de sa main et dé-
posée chez M. Hoppe, banquier. Ce dernier a ajouté que
M. Wilde avait serré les billets, qui montaient à plus de
sept mille livres, dans un grand portefeuille de maroquin
vert que nous connaissons, son fils et moi. — Le 18, au
moment où il se disposait à quitter Londres, il est tombé
malade, et trois jours après il est mort. Son fils, qui n'a
été instruit de ce malheur que longtemps après, arriva
hier; M. Plump, chez qui logeait M. Wilde, lui a remis,
il est vrai, toutes les hardes, linge et habillements qui
appartenaient à son père; mais le portefeuille vert et
tout ce qu'il contenait, et sept à huit livres sterling en or,
tout a disparu. A la place de cela on lui présente un mé-

moire pour le paiement de frais de maladie, d'enterrement, etc.; ainsi il perd tout à la fois et son père et sa fortune.

PLUMP.

C'est très-malheureux sans doute, mais pourquoi m'accuser, moi? Est-ce que je ne suis pas un honnête homme, connu pour tel de père en fils, depuis plus de dix ans, dans toute la cité et les faubourgs?... Savez-vous bien que c'est moi qui aurais le droit de vous poursuivre en calomnie?

GARRICK.

Mais nous ne vous accusons pas. Nous cherchons à découvrir les traces d'une telle spoliation, et nous devons naturellement nous adresser à vous, chez qui était logé M. Wilde, pour avoir des renseignements sur toutes les personnes qui l'ont approché pendant sa dernière maladie, tels qu'apothicaire, garde-malade, etc.

BLIND.

Ah! c'est une enquête à faire, et ceci me regarde, en ma qualité de constable du shériff; et, pour commencer, qu'avez-vous à répondre, monsieur Plumb, en ce qui vous concerne? car, je le répète, je ne vois pas bien clair dans cette affaire-là.

PLUMP.

Je n'ai rien à répondre, monsieur Blind, sinon que je n'ai jamais vu ni touché le portefeuille de M. Wilde; que je l'ai soigné, sans reproche, pendant sa maladie, comme mon propre père, et qu'il m'est dû pour les avances et frais la somme de douze livres huit schellings six pence...

BLIND.

Il y a encore du louche là dedans.

PLUMP, bas à M. Blind.

Monsieur Blind, votre provision de Bordeaux est-elle bientôt épuisée?

BLIND.

Il ne m'en reste plus que cinq ou six bouteilles.

PLUMP.

Je vais vous en faire porter un panier de cinquante bouteilles.

BLIND, *après avoir fait semblant de réfléchir.*

Maintenant, Messieurs, je commence à voir clair dans tout cela.

PLUMP, *à part.*

J'étais sûr d'avoir trouvé le moyen de lui éclaircir la vue.

BLIND.

Monsieur Wilde, c'est un bien grand désappointement sans doute d'avoir à supporter une double perte aussi fâcheuse; mais vous n'avez aucun renseignement, aucune donnée, aucun commencement de preuves enfin, qui puissent vous mettre sur la voie pour découvrir l'auteur d'une si criminelle spoliation. Quant à M. Plump, je le connais depuis qu'il exerce dans le quartier la profession d'aubergiste, logeur, traiteur et pâtissier, et je vous le donne pour un parfait honnête homme, obligeant, complaisant, prévenant pour ses pratiques et pour ses amis. Ainsi je vous engage à bannir tout soupçon contre lui et à lui solder le montant de son mémoire. Cependant, pour vous donner une dernière preuve de son innocence, il m'a dit, tout à l'heure, qu'il était prêt à jurer sur la Bible...

PLUMP.

Oui, Messieurs, je vais faire serment.

WILDE.

C'est inutile; si vous êtes coupable, un parjure ne vous coûterait guère, et j'aime mieux m'en rapporter à ce que vient de dire M. Blind... Voilà le montant de votre mémoire. (*Il lui donne de l'argent.*)

BLIND.

Je suis enchanté, Messieurs, de vous avoir mis d'accord. Actuellement nous allons travailler à chercher le véritable voleur; je me charge de procéder immédiatement à l'enquête, pourvu que vous m'avanciez seulement dix à douze guinées pour commencer.

WILDE.

Je vous remercie, et je renonce à pousser plus loin mes recherches. Je suis ruiné, il est vrai; mais je serai plus heureux dans ma misère que celui qui m'a volé ne le sera avec ma fortune... Envoyez-moi un domestique pour porter cette valise jusqu'à la voiture.

PLUMP.

Tom est à votre disposition. C'est un garçon peu spirituel; mais il est fidèle et docile; il a eu grand soin de monsieur votre père pendant son séjour ici, et je vous prie de ne pas l'oublier...

WILDE.

Non certainement, je ne l'oublierai pas. Tous ceux qui ont rendu quelque service à mon père ont des droits sacrés à ma reconnaissance, et ce qui contribue à augmenter mon chagrin, c'est de n'être plus assez riche pour pouvoir leur prouver comme je le désirerais qu'ils n'ont pas obligé un ingrat.

PLUMP.

Allons, Messieurs, puisque l'affaire est arrangée à la satisfaction générale, permettez-moi, avant de vous quitter, de vous inviter à dîner pour ce soir. M. Blind nous fera l'honneur d'être des nôtres... vous mangerez une soupe à la tortue digne d'être servie sur la table du lord-maire et des aldermen de la cité.

BLIND.

L'honorable société et la soupe à la tortue sont deux motifs trop puissants pour refuser une telle invitation.

WILDE.

Pour moi, je suis bien fâché, mais je ne puis accepter...

GARRICK.

Et pourquoi? Moi j'accepte pour vous et pour moi... j'espère que vous ne me contredirez pas. (*Bas à Wilde.*) J'ai des raisons pour cela.

6*

WILDE.

Puisque vous le voulez, je ferai ce qu'il vous plaira.

PLUMP.

En ce cas, Messieurs, je vous laisse pour courir à ma cuisine, et faire monter le petit Tom. (*Il sort.*)

BLIND.

Et moi je vous quitte pour aller arrêter une bande de filous qui m'a été signalée ce matin. (*En s'en allant.*) Sans adieu, Messieurs.

SCÈNE II

GARRICK, WILDE.

WILDE.

Vous le voyez, mon cher Garrick, je n'ai plus d'espoir. Je crois réellement que cet homme est innocent, et je me reproche mes soupçons injurieux sur son compte.

GARRICK.

On voit bien, mon ami, que vous êtes encore bien jeune et que vous ne connaissez guère les hommes. Pour moi, qui ai plus d'expérience que vous, je vous dirai que votre aubergiste et le constable sont deux fripons; seulement l'un est rusé, et l'autre est un imbécile dont on fait tout ce qu'on veut avec des présents.

WILDE.

Ce que vous me dites là m'étonne... N'avez-vous pas vu Plump sur le point de prêter serment?

GARRICK.

Bah! un serment d'aubergiste anglais, ne sait-on pas ce que cela vaut?... Songez, monsieur Wilde, que quand on a été comme moi attaché depuis plus de vingt-cinq ans au théâtre, l'habitude qu'on a contractée de se contrefaire sur la scène apprend à lire dans le cœur des autres hommes leurs plus secrètes pensées, malgré le voile dont ils veulent les envelopper.

WILDE.

S'il en est ainsi, pourquoi avoir accepté de souper avec

ces deux hommes! Il me semble que vous devriez avoir de la répugnance à vous trouver dans une telle compagnie.

GARRICK.

Sans doute, mais un autre motif m'y a déterminé : persuadé que la justice ne pouvait vous faire rendre ce qu'on vous a volé, il m'est venu à l'esprit une idée... une idée folle sans doute, telle qu'il en peut passer par la tête d'un comédien, une idée qui vous fera peut-être recouvrer sans beaucoup de peine ce que nous ne pouvons obtenir par les voies légales; et pour l'exécution de mon projet, il faut que l'aubergiste et le constable ne conçoivent aucun soupçon, et que nous ayons l'air de leur témoigner toute confiance.

WILDE.

Et ce projet, me le ferez-vous connaître?

GARRICK.

Sans doute; pour réussir j'ai besoin de votre consentement et de votre concours; mais ce n'est pas ici que je puis vous entretenir de cela. Seulement faites porter chez moi quelques-uns des effets de Monsieur votre père, son habit de velours rouge rayé, avec sa culotte pareille, son chapeau, sa perruque, sa canne, ses boucles de souliers et ses lunettes... Je vous expliquerai en route ce que je me propose d'en faire... Silence, voici le garçon qui arrive.

SCÈNE III

TOM, GARRICK, WILDE.

TOM.

Me voilà, Messieurs, à vos ordres.

GARRICK.

Tu nous as fait attendre assez longtemps.

TOM.

Dam! ce n'est pas ma faute... M. Plumb m'a donné deux ou trois commissions à faire en même temps que la vôtre, et il a bien fallu le temps d'expliquer tout cela... c'est qu'à présent nous avons de la besogne... oh! mais en avons-nous t'y de c'te besogne, en avons-nous t'y!...

GARRICK, *bas à Wilde.*

C'est un bavard un peu niais... Faisons-le jaser. (*Haut.*) Tant mieux, mon garçon, surcroît d'ouvrage, surcroît de profits.

TOM.

Ah! pas toujours, allez; car dans toutes les courses que j'ai à faire ce matin, je n'ai d'autres profits à espérer que ce que voudra bien me donner (*en montrant Wilde*) cet honorable gentleman.

WILDE.

Sois tranquille, mon ami, je sais que tu as eu soin de mon père, et je récompenserai ce service, non pas aussi bien que je le voudrais, mais du mieux qu'il me sera possible.

GARRICK.

Et quelles sont donc les autres courses que tu dois faire?

TOM.

D'abord il faut que j'aide le sommelier à porter chez M. Blind, le constable, cinquante bouteilles de vin de Bordeaux qu'on soutire en ce moment. (*Ici Garrick fait un signe d'intelligence à Wilde.*) Puis il faut que j'aille chez un notaire qui demeure bien loin, bien loin, et qui est chargé de vendre la maison d'ici à côté, que mon maître veut acheter. (*Nouveau signe de la part de Garrick.*) Ensuite il faut que j'aille chez M. Gou... Gouver... Ah! attendez, j'ai oublié le nom... C'est un architecte français, peintre-décorateur, qui ne demeure pas loin d'ici, dans la seconde rue à gauche.

GARRICK.

C'est M. Gouvernet, peut-être?

TOM.

Juste, est-ce que vous le connaissez?

GARRICK.

Un peu, et que vas-tu faire chez lui?

TOM.

Dam! c'est que not' maître veut faire remettre sa maison tout à neuf de haut en bas, la meubler, la rhabiller, la friser, la bouchonner, et faire renouveler notre enseigne de la *Bonne-Foi,* qui commence à être un peu usée, ainsi que ces mots : Plumb, traiteur-pâtissier-logeur, qui sont presque entièrement effacés; et cela fera que nous ferons joliment la barbe au *Grand-Turc,* qui est l'auberge en face de la nôtre : hein? n'est-ce pas?

GARRICK, *continuant toujours de faire des signes à Wilde.*

Mais ton maître est donc bien riche pour faire de telles dépenses?

TOM.

Dame! il ne l'était guère il y a peu de temps... Mais il nous a dit comme ça qu'il avait hérité dernièrement d'une succession, et qu'il voulait que sa maison fût la première hôtellerie de Londres... Mais, Messieurs, si vous êtes prêts, partons; si mon maître savait que je me suis arrêté à causer avec vous... je ne sais pas ce qu'il me ferait, car il est brutal, oh! mais il est brutal!... sa pauvre femme, que j'aime comme ma mère, eh bien, il la bat tous les jours.

WILDE.

Prends cette valise et ce porte-manteau, et porte-les dans notre voiture qui nous attend à la porte.

GARRICK, *à Wilde pendant que Tom arrange les effets.*

Ce que vient de nous dire ce garçon me confirme dans tous mes soupçons. Mais ce qu'il y a de plus heureux, c'est que M. Gouvernet est mon ami intime; c'est le machiniste décorateur de notre théâtre; je vais le prévenir à l'instant avant que Tom aille chez lui. Rendez-vous à mon logement, où j'irai vous rejoindre, et nous dresserons ensemble toutes nos batteries.

SCÈNE IV

LES PRÉCÉDENTS, PLUMB, *entrant par la porte du fond,
heurte Tom qui en sort, et le fait tomber.*

PLUMP.

Et que fais-tu là, paresseux? tu t'amuses tandis que tu
as tant d'ouvrage aujourd'hui; et ces Messieurs qui l'attendent depuis une demi-heure... Allons, avance donc,
lâche, fainéant. (*Il lui donne un coup de pied.*)

TOM.

Ahi!... not' maître, comme vous avez la parole dure
aujourd'hui!

WILDE.

Ne le maltraitez pas, je vous en prie, Monsieur; c'est
nous qui sommes cause de ce retard. Nous voulions nous
assurer si la valise et le porte-manteau étaient exactement
fermés. Vous concevez qu'après ce qui vient de m'arriver,
je dois être un peu défiant. (*Tom sort pendant ces paroles
de Wilde.*)

PLUMP.

Ah! ça c'est juste, mais c'est que Tom est si bavard, que
je suis sûr qu'il vous aura conté quelques sottises, selon
sa coutume.

GARRICK.

Vous pensez bien, monsieur Plumb, que nous ne sommes
pas des gens à nous amuser à causer avec un domestique. — Maintenant que tout est prêt, partons. — Adieu,
Monsieur.

PLUMP *les suit des yeux, et tandis qu'ils s'en vont.*

A ce soir, Messieurs, au plaisir... de... vous revoir.

SCÈNE V

PLUMP, *seul.*

Ah! les voilà partis, enfin... je ne suis pas fâché d'en
être débarrassé... Si je n'étais pas monté ici, je crois qu'ils

seraient restés jusqu'à demain... Il est vrai qu'ils revien-
dront ce soir, puisque je les ai invités à dîner... Ce n'est
pas maladroit de ma part... Un procédé honnête ne coûte
rien, et il faut savoir plumer la poule sans la faire crier.
Mais cet imbécile de Tom aurait-il causé?... Que peut-il
dire? il ne sait rien... Cependant il faut que je le surveille,
un garçon bavard est toujours dangereux... Du reste,
maintenant je crois que je n'ai plus rien à craindre, et que
je suis sans contestation possesseur des huit mille livres
sterling du bonhomme Wilde... mille livres en or cachées
dans ma cave, et sept mille dans ce bienheureux portefeuille!... (*Il ouvre son secrétaire et y serre son portefeuille.*)
Huit mille livres sterling! oh! il y a de quoi en perdre la
tête. Cependant songeons un peu à nos affaires. (*Il appelle
par une porte de côté :*) Madame Plump,... ma femme!...

MADAME PLUMP, en dehors.

Que me voulez-vous?

PLUMP.

Avez-vous retiré le roast-beef de la broche.

MADAME PLUMP.

Oui.

PLUMP.

Je suis obligé de sortir un instant, et je vous charge de
veiller sur la cuisine pendant mon absence.

MADAME PLUMP.

Oui.

PLUMP.

Ah! dites à Georges le sommelier de monter ici, j'ai
besoin de lui parler.

MADAME PLUMP.

Oui.

PLUMP, contrefaisant sa femme.

Oui... oui... oui...— Jamais cette femme ne répond que
par monosyllabes. Ne suis-je pas malheureux d'avoir dans
ma maison une femme qui ne veut pas parler, et un domestique qui jase toujours? Un homme qui cause trop, et
une femme qui ne dit rien, c'est contre nature, cela est
suspect, et j'y mettrai ordre.

SCÈNE VI

GEORGES, PLUMP.

GEORGES.

Me v'là, not' maître, que me voulez-uous?

PLUMP.

As-tu préparé les cinquante bouteilles de vin de Bordeaux pour M. le constable?

GEORGES.

Oui, not'maître.

PLUMP.

Il faudra remplir le reste de la feuillette avec de l'eau. Il est juste que les pratiques paient le cadeau que je fais au constable du quartier.

GEORGES.

C'est très-juste. Je vous dirai que le tonneau de vieux porter est à moitié vide, et qu'il ne reste presque plus de vin de Bourgogne.

PLUMP.

Il faudra remplir le tonneau de porter avec de la petite bière, et mettre sur le feu la grande chaudière pleine d'eau. Je vais acheter du bois d'Inde et autres ingrédients nécessaires pour faire du vin de Bourgogne. Retourne à ta besogne, je serai ici dans un quart d'heure.

GEORGES.

Ça suffit, not' maître.

SCÈNE VII

GOUVERNET, PLUMP.

PLUMP.

Ah! c'est vous, monsieur Gouvernet; vous faites bien d'arriver, car je sortais pour aller vous chercher... On a réellement bien de la peine à vous avoir; j'ai déjà envoyé deux ou trois fois chez vous, et tout à l'heure encore

j'avais chargé Tom de vous demander si décidément je
pouvais compter sur vous...

GOUVERNET.

Je viens de le rencontrer à deux pas d'ici au moment où
je me rendais chez vous. Je vous demande pardon si je n'ai
pas pu venir plus tôt, mais dans ce moment j'ai de l'ouvrage
dans les quatre coins de la ville, et Londres est si grand
que j'ai bien de la peine à suffire à tout. Pour le moment
je suis à vos ordres; veuillez me dire, s'il vous plaît, ce que
vous désirez de moi.

PLUMP.

Monsieur, je vous ai fait appeler d'après votre réputation, pour donner à ma maison une face nouvelle et en
faire la plus belle hôtellerie de Londres.

GOUVERNET.

Avec de l'argent, Monsieur, c'est chose très-possible.

PLUMP.

Soyez tranquille, Monsieur, l'argent ne vous manquera
pas.

GOUVERNET.

En ce cas, faites-moi connaître un peu vos projets.

PLUMP.

D'abord je veux bâtir deux étages de plus, puis acheter
les deux maisons voisines, que je ferai abattre, et à la place
nous construirons deux corps de logis dont ma maison
d'aujourd'hui sera le centre.

GOUVERNET *tire de sa poche un carnet et prend des notes.*

J'entends... (*Écrivant.*) Bâtiment principal trois étages.
avec deux ailes à deux étages seulement... bien.

PLUMP.

Mais, comme je n'ai pas encore terminé l'acquisition
dont je parlais tout à l'heure, je voudrais, en attendant,
faire un peu réparer cette maison, lui donner une certaine
apparence, la badigeonner, renouveler l'enseigne.

GOUVERNET.

Oh! ceci n'est qu'une bagatelle... pour moi du moins;
mais pour vous, Monsieur, c'est l'affaire la plus impor-

tante, et vous avez bien raison de commencer par là. Aujourd'hui, voyez-vous, on ne juge des choses que par l'extérieur : un homme par son habit, un livre par son titre, et une hôtellerie ou une boutique par son enseigne.

PLUMP.

Je suis tout à fait de votre avis.

GOUVERNET.

D'ailleurs cela n'oblige à rien ; il est convenu généralement qu'on ne trouve presque jamais au dedans ce qui est annoncé au dehors. Quelle est votre enseigne, Monsieur ? Je ne l'ai pas remarquée en entrant.

PLUMP.

La Bonne-Foi.

GOUVERNET, continuant d'écrire.

Bien... deux mains l'une dans l'autre en signe d'amitié et de confiance... Ensuite le devant de votre maison à besoin d'être repeint à neuf : quelle couleur adoptez-vous ?

PLUMP.

Cela m'est égal.

GOUVERNET.

Non, non, Monsieur, non cela n'est pas égal. Si vous êtes partisan du roi Georges et de la religion protestante, vous devez faire peindre votre maison couleur orange ; autrement vous passeriez pour un Jacobiste et un papiste, tandis que vous êtes, j'en suis sûr, un bon et digne protestant... à moins que... cependant... vous ne soyez catholique, et dans ce cas... Enfin quelle est votre religion ?

PLUMP, impatienté.

Monsieur, je ne suis ni protestant ni catholique, je suis aubergiste... je ne veux pas adopter de couleur tranchante, parce que je reçois tout le monde chez moi ; ainsi peignez le devant de ma maison de toutes les couleurs ? afin qu'il y en ait pour tous les goûts.

GOUVERNET.

Comme vous voudrez. — A présent, combien pensez-vous que cette salle puisse contenir de personnes à table,

PLUMP.

Environ quarante.

GOUVERNET.

Bon... (*écrivant.*) Salon de deux cents couverts... Votre cave est-elle bien garnie?

PLUMP.

Je suis sur le point de la remonter; mais j'ai en ce moment une assez bonne provision de vin de Porto, de Bordeaux, et quelques bouteilles de vin de Champagne et de Madère, puis de l'ale, du porter, du cidre et de la bière ordinaire.

GOUVERNET.

A merveille... Nous partagerons la façade de votre maison en quatre grands compartiments, divisés eux-mêmes en plusieurs colonnes. Chaque colonne contiendra les noms des vins de tous les pays... vins de France, d'Espagne et d'Italie... vins d'Afrique, d'Amérique, de la Chine et du Japon...

PLUMP.

Mais, Monsieur, je n'ai jamais entendu parler de vins d'Amérique et de la Chine: et si par hasard quelqu'un s'avisait de m'en demander?

GOUVERNET.

Eh bien? est-ce que vous seriez plus embarrassé pour en faire que pour fabriquer des vins de Bourgogne ou de Malaga?... Allez, allez, je ne suis pas plus capable de vous apprendre votre métier que vous ne l'êtes de m'enseigner le mien.

PLUMP, *riant.*

Ah! ah! vous êtes un farceur, monsieur Gouvernet; c'est bien, j'aime les farceurs, moi; oui, j'aime beaucoup les farceurs.

GOUVERNET.

A présent, avant d'aller plus loin et de commencer le devis estimatif de vos travaux, il est bon, monsieur Plump, que je vous prévienne d'une chose.

PLUMP.

Et de quoi donc, Monsieur?

GOUVERNET.

C'est que, par aperçu seulement, je prévois que les dépenses que vous vous proposez de faire, en y joignant une
augmentation de mobilier, s'élèveront à plus de quatre
mille livres sterling, c'est-à-dire cent mille francs, comme
nous comptons dans notre pays.

PLUMP.

Quatre mille livres sterling!... c'est un peu cher; mais
s'il vous faut absolument cette somme, on vous la paiera,
monsieur Gouvernet, soyez tranquille.

GOUVERNET.

Je suis bien tranquille sans doute, et je suis bien loin
de suspecter en vous cette bonne foi que vous avez prise
pour enseigne? cependant je dois vous dire, Monsieur, que
les temps sont durs... que l'argent est rare aujourd'hui, et
qu'il me serait impossible de faire d'aussi fortes avances
sans avoir au moins quelques sûretés...quelques garanties:
vous comprenez, monsieur Plump.

PLUMP.

Rien de plus juste, Monsieur, il faut toujours de la prudence en affaires, et l'on est pas obligé de s'en rapporter
au premier venu qui s'avise de faire des dépenses au delà
de ses facultés? mais ici, Monsieur, c'est bien différent,
et je vais vous prouver qu'avec moi vous pouvez travailler
sans crainte... (*Il va à son secrétaire et en tire le portefeuille, faisant voir à M. Gouvernet une certaine quantité
de billets de banque.*)

GOUVERNET, *à part.*

Bon, bon, voilà où j'en voulais venir, et M. Garrick ne
ne s'était pas trompé.

PLUMP.

Tenez, voyez-vous ça, j'espère qu'il y a là de quoi vous
payer et même au delà: qu'en dites-vous?

GOUVERNET.

C'est bien, Monsieur, c'est très-bien. On voit que vous

êtes un honnête homme. Maintenant allons visiter la maison et prendre nos mesures. (*Il tire de sa poche une toise pliante.*)

PLUMP.

Par où commencerons-nous ?

GOUVERNET.

Par où vous voudrez. —(*A part.*) Je pense que M. Garrick trouvera que j'ai bien joué mon rôle.

PLUMP.

En ce cas, visitons d'abord cet appartement. (*La toile tombe.*)

FIN DU PREMIER ACTE.

ACTE DEUXIÈME

—

SCÈNE I

TOM, *en chantant gaiement et essuyant les chaises.*

Ho! my dear, ho! my dear Jenny,
Is a little girl, is a little girl, is a little girl, very pretty.
Din, don, din, don, di, di, di, di, di, di, di,
Din, don, din, don, di, di, di, di, di.

Oh! suis-je t'y content, suis-je t'y content!...

En voilà une fameuse journée bien commencée!... Ces messieurs, qui m'ont mené en carrosse jusqu'à la porte du notaire, et puis ce bon M. Wilde qui m'a dit comme ça en me quittant: Adieu, Tom, adieu, mon ami; et en me disant ça il m'a glissé une demi-guinée dans la main. — Une demi-guinée!... jamais je n'ai été si riche!... oh! je sais bien ce que j'en ferai: c'est demain la fête à papa, et j'enverrai cet argent à ma bonne sœur Jenny, pour lui aider à la célébrer. Sera-t-elle contente, ma bonne Jenny! (*Il recommence la même chanson* Ho! my dear, etc.)

(*A la fin du couplet il entend crier et frapper à la porte.*)

TOM, *effrayé.*

Eh! mon Dieu quel vacarme! qu'est-ce que cela veut dire?... (*Il se sauve à droite sur le devant du théâtre.*)

SCÈNE II

TOM, GARRICK, *déguisé en marin sous le nom du capitaine Storm.*

GARRICK.

Holà hé!... holà hé!... la maison!... n'y a-t-il donc personne dans cette maudite galère! où est donc le patron de cette barque démâtée!...

TOM, *à part.*

Ah! mon Dieu, c'est un marin... j'aimerais presque autant voir le diable.

GARRICK, *apercevant Tom.*

Enfin je crois que j'aperçois un mousse de l'équipage... Que fais-tu donc là, gringalet, à te promener tranquillement sur le pont, tandis que depuis longtemps je fais le signal pour avoir un pilote?

TOM.

Pardon, Monsieur, c'est que je n'ai pas entendu.

GARRICK.

Je crois que tu raisonnes? (*Il le prend par l'oreille.*) Ah! avance donc!... (*Il l'amène sur le devant de la scène.*) Pourquoi n'avoir pas allumé un fanal au-dessus de cet escalier si noir qu'il est impossible d'y manœuvrer sans éprouver des avaries?

TOM, *d'un ton craintif.*

Monsieur, ce n'est pas ma faute, c'est not' maître qui... not' maître qui... qui...

GARRICK, *le contrefaisant.*

Not' maître qui... qui... Ont-ils donc mauvais ton, ces hommes de terre! A propos, ton maître, comme tu l'appelles, ne se nomme-t-il pas Plump?

TOM.

Oui, Monsieur...

GARRICK.

Où est-il, ton patron, est-il à bord?

TOM.

Il est dans la maison; mais il est occupé dans ce moment; si vous voulez attendre un instant ce ne sera pas long.

GARRICK.

Attendre!... moi attendre?... apprends que le capitaine Storm ne connaît pas ce mot là. Va dire à ton patron que je veux lui parler sur-le-champ.

TOM.

Mais, Monsieur, il est occupé avec M. Gouvernet le peintre.

GARRICK.

Au diable ton Gouvernet et tous les peintres du monde !
Quand le capitaine Storm commande, on doit lui obéir
comme l'éclair... Mille caronades, si tu étais sur mon bord,
tu mangerais plus de coups de fouet que de rations de biscuit. Allons, fais jouer tes avirons et file ton nœud.

TOM, *à part, en s'en allant.*

Comme c'est brutal, comme c'est mal élevé un marin ! Quelle différence de cet homme avec M. Wilde et son
ami.

GARRICK, *d'un ton courroucé.*

Tu n'es pas encore parti, je crois ! (*Tom sort en courant.*)

SCÈNE III

GARRICK, *seul avec son ton ordinaire.*

Pas mal débuté !... j'espère que je ferai aussi facilement
illusion au maître qu'au domestique. — Maintenant il faut
que je tâche de parler à Gouvernet pour savoir s'il a découvert quelque chose, et s'il a songé à mes autres commissions...(*Il regarde par une croisée.*) Ah ! le voilà dans la cour.
(*Il fait des signes et tousse.*) hem ! hem !... Bon ; il
m'aperçoit. (*Il lui fait encore des signes.*) Bon il m'a compris, et le voilà qui m'écrit un billet au crayon. — Ce
Gouvernet est vraiment d'une intelligence rare, et pour
le tour que je me propose de jouer, je ne pouvais choisir
un meilleur compère. (*Un papier lancé du dehors tombe
dans la chambre ; Garrick le ramasse et vient le lire sur le
devant de la scène.*)

« Mon cher M. Garrick. J'ai découvert le fameux porte-
« feuille, il est dans le tiroir à droite du secrétaire placé
« dans la salle où vous vous trouvez. J'enverrai la malle
« qui contient les autres effets nécessaires à votre traves-
« tissement, par deux de mes ouvriers les plus intelli-
« gents. Je les préviendrai, et ils seront à votre disposition
« au besoin. Votre ami, GOUVERNET. »

Voilà qui est à merveille... et l'article que j'ai fait insérer dans le journal du soir?... ah! monsieur Plump, il faudra que vous ayez la tête bien solide si vous vous tirez de là... Mais, chut, voici notre homme, reprenons notre rôle. (*Il va s'asseoir à côté d'une table et reste la tête appuyée sur sa main, comme plongé dans ses réflexions, pendant que Plump et Tom entrent par la porte du fond.*)

SCÈNE IV

GARRICK *assis;* PLUMP *et* TOM *s'avancent du côté opposé.*

TOM.

Tenez, le voilà... il paraît préoccupé... Parlez-lui tout doucement, car il est si brutal !

PLUMP.

Tais-toi, imbécile; un marin brutal a toujours la bourse bien garnie, et il n'est poli que quand il n'a pas le sou; pour moi, j'aime beaucoup un marin brutal, chacune de ses injures vaut un schelling. — Je vais l'aborder, et tu vas voir. (*Il s'avance vers Garrick.*) Monsieur... (*Garrick ne répond point.*) Monsieur, peut-on avoir l'honneur...

GARRICK, *se levant brusquement.*

Qu'y a-t-il? quoi?... que voulez-vous?...

PLUMP.

On m'a dit, Monsieur, que vous désiriez me parler.

GARRICK, *d'un air étonné.*

Quoi ! c'est vous qui êtes M. Plump?

PLUMP, *d'un ton aimable.*

Pour vous servir, Monsieur, si j'en étais capable.

GARRICK, *après l'avoir examiné un instant, part d'un éclat de rire.*

Ah ! ah ! la bonne figure !... quel dommage que vous ne soyez pas matelot: je voudrais vous voir grimper dans les enfléchures avec cette tournure de marsouin.

PLUMP.

Oh ! Monsieur, je suis trop homme de terre pour jamais devenir matelot.

GARRICK.

Je le crois bien. (*Reprenant un ton sérieux.*) Mais il ne s'agit pas de cela, et j'ai à vous parler de quelque chose de plus sérieux. N'est-ce pas ici qu'est mort M. Wilde de Liverpool ?

PLUMP.

Hélas ! oui, Monsieur, il y a environ un mois que ce malheur est arrivé. (*A part.*) Encore une connaissance de M. Wilde.

GARRICK.

J'ai fait le voyage de Liverpool à Londres pour parler à son fils, et je pensais le trouver chez vous, puisque son père avait l'habitude, à ce que j'ai ouï dire, d'y débarquer quand il naviguait dans ces parages.

PLUMP.

M. Wilde fils est venu plusieurs fois chez moi, et il y était encore il y a une heure : mais il ne loge pas ici, sans doute parce que cela lui aurait fait trop de peine d'habiter une maison où son père est mort.

GARRICK.

Et savez-vous dans quelle direction il a fait voile?

PLUMP.

Je n'en sais rien ; il est parti avec un de ses amis, que je ne connais pas, et il ne m'a pas laissé son adresse.

GARRICK, *frappant du pied.*

Mille sabords ! je joue de malheur aujourd'hui : me voir encore obligé de courir de nouvelles bordées?

PLUMP.

Mais, Monsieur, il y a un moyen facile de lui parler sans courir bien loin. M. Wilde et son ami doivent venir dîner ici ce soir; ainsi rien de plus facile que de le rencontrer.

GARRICK.

Eh ! morbleu ! que ne le disiez-vous plus tôt!... Ah ! je respire à présent... je jette l'ancre ici (*il s'assied*), et je ne démarre pas de la journée. — Avez-vous une chambre à me donner?

PLUMP.

J'en ai plusieurs à votre disposition. — Tom, va faire voir à Monsieur le n° 4; c'est le plus bel appartement de la maison; mais auparavant, si Monsieur voulait prendre quelque chose? nous ne dînerons que dans deux heures d'ici.

GARRICK.

Volontiers, quoique je ne me sente pas très-bien disposé; j'ai voyagé en diligence, et les cahots de cette maudite voiture m'ont donné le mal de terre, mille fois plus dangereux que le mal de mer. — Voyons, (*se tournant vers Tom*) mousse, qu'as-tu à me donner pour me ravitailler un peu l'estomac?

TOM.

Monsieur veut-il un biscuit avec un verre de Madère, ou un verre d'eau sucrée?

GARRICK.

De l'eau sucrée, à moi de l'eau sucrée! ah! ah! ah! ah! est-ce que tu me prends pour un fashionable de Londres ou pour un marin d'eau douce?... Monsieur Plump, pendant que je vais avec Tom visiter l'appartement que vous me destinez, faites-moi servir une livre de rosbif, une demi-livre de jambon fumé, une once de pain et quatre bouteilles de vin de Bordeaux. Cela pourra m'ouvrir l'appétit en attendant le dîner. (*Il sort avec Tom par la porte à droite.*)

SCÈNE V

GOUVERNET, PLUMP.

PLUMP, *seul*.

Une livre de rosbif, une demi-livre de jambon fumé, quatre bouteilles de bordeaux!... quel ogre! il est capable d'avaler toutes mes provisions rien que pour se mettre en appétit.

GOUVERNET, *entrant suivi de deux ouvriers qui apportent une malle*.

Me voici, monsieur Plump, prêt à commencer ma besogne. — J'ai placé une échelle dans la rue, pour travailler d'abord à votre enseigne. — J'ai fait apporter ici cette malle, qui contient mes habits de travail et mes outils. (*Il sort de la malle sa veste et son tablier de travail, et ses ouvriers l'aident à faire sa toilette.*)

PLUMP.

C'est très-bien ; je suis content de vous voir en train ; je vous quitte, car il vient de nous arriver un marin très-exigeant, et je cours le servir.

GOUVERNET.

Faites, faites, Monsieur, je n'ai pas besoin de vous.

SCÈNE VI

GARRICK, TOM, GOUVERNET, LES DEUX OUVRIERS.

GARRICK.

Quoi ! c'était là la chambre que ton patron voulait me donner !... La chambre où est mort le bonhomme Wilde !... je n'y coucherais pas pour toutes les cargaisons des bâtiments qui sont sur la Tamise... Va lui dire que s'il n'en a pas une autre, je prends le large, et je file toutes voiles dehors.

TOM.

J'y vais, Monsieur. — Faudra-t-il lui dire que c'est parce que vous avez peur des revenants ?

GARRICK, *impatienté.*

Dis-lui ce que tu voudras, mais dépêche-toi. (*Tom sort.*)

SCÈNE VII

GARRICK, GOUVERNET, LES DEUX OUVRIERS.

GOUVERNET.

Il paraît que notre affaire ne marche pas mal. — Tenez, voici la clef de cette malle. — Vous trouverez dans le fond l'autre costume quand vous jugerez à propos de le prendre.

GARRICK, *de son ton ordinaire.*

C'est bien. — Je viens de visiter la chambre qu'avait habitée le père Wilde. — J'ai remarqué une croisée à coulisse qui donne sur la petite cour ; il faudra tenir une échelle à ma portée, dans le cas où je serais obligé de m'introduire par là.

GOUVERNET.

Je vous entends, je connais parfaitement la maison, que j'ai examinée dans le plus grand détail. — Demandez la chambre n° 6 ; il y a un petit escalier dérobé qui donne précisément dans la petite cour dont vous parlez.

GARRICK.

Cela suffit. Je vois avec plaisir que vous n'avez rien négligé.

GOUVERNET.

Voici les deux ouvriers dont je vous ai parlé dans mon billet. (*S'adressant aux ouvriers*). James, va sur-le-champ placer sur l'enseigne l'inscription dont nous sommes convenus. — John, tu apporteras l'échelle dans la petite cour aussitôt qu'il aura fini ; ensuite tu iras prévenir le crieur du journal du soir de s'arrêter devant cette maison, tu entends... Allez, je compte sur votre adresse et votre intelligence. (*Les ouvriers sortent.*) Pour moi, je serai partout, ayant l'air de ne m'occuper que de mon ouvrage, et au moindre signe je serai à votre disposition ; je chanterai de temps en temps, afin que vous sachiez où me trouver au besoin... J'entends Plump qui arrive... Il ne faut pas qu'il nous aperçoive ensemble. (*Il sort en chantant.*)

SCÈNE VIII

GARRICK, PLUMP et TOM, *portant chacun un plat de jambon.*

PLUMP.

Je te répète que tu es un sot, un imbécile, et qu'il ne t'a pas dit cela.

TOM.

Ma foi, Monsieur, si vous ne voulez pas me croire, le voilà, demandez-le à lui-même.

GARRICK.

Qu'y a-t-il donc, monsieur Plump, est-ce que l'équipage se mutine ?

PLUMP, *posant les plats sur la table.*

Ce n'est rien, Monsieur ; c'est Tom qui me dit des bêtises.

GARRICK.

Ce n'est pas étonnant. Ces jeunes gens élevés sur terre, ça ne peut pas avoir grand génie... Parlez-moi d'un navire pour former la jeunesse... Si ce drôle-là avait passé seulement trois mois à bord, vous le verriez tout changé, je vous en réponds, il ne vous dirait plus de bêtises comme celles qu'il vient de vous dire.

PLUMP.

Et bien certainement ; et il aurait besoin d'aller un peu à votre école, il ne ferait plus de contes aussi absurdes.

GARRICK.

Quels contes vous faisait-il donc ?

PLUMP.

Il me disait que vous... (*Riant.*) Tenez, c'est si ridicule que je n'ose pas le répéter.

GARRICK.

Ah ! ah !... il a osé parler de moi ?... Je veux savoir ce qu'il a dit, morbleu ! je lui apprendrai à gouverner sa langue.

PLUMP.

Ce n'est rien... c'est un enfantillage... il dit que... mais ne vous fâchez pas, ça n'en vaut pas la peine.

GARRICK.

Eh ! allons donc !

PLUMP.

Il me dit que vous ne voulez pas loger au n° 4, parce que M. Wilde y est mort, et que vous avez peur des revenants.

TOM.

N'est-ce pas, Monsieur, que vous l'avez dit ?... Et moi aussi j'en ai peur des revenants.

PLUMP.

Allons, tais-toi, et va dire à Georges de monter le vin de Monsieur. (*Tom sort.*)

SCÈNE IX.

GARRICK, PLUMP.

GARRICK, *d'un ton très-grave.*

Et vous, Monsieur, vous n'avez pas peur des revenants?...

PLUMP.

Non, certainement; il n'y a que les enfants et les vieilles femmes que puissent tourmenter de pareilles craintes.

GARRICK, *du même ton.*

Eh bien, Monsieur, je ne suis ni une vieille femme ni un enfant, et je vous déclare que Tom a dit la vérité.

PLUMP.

Est-il possible?... Quoi! un marin, un homme qui a tant de fois affronté les dangers de l'Océan, se laisserait aller à une pareille faiblesse!

GARRICK.

Écoutez, monsieur l'esprit fort; quand vous aurez entendu ce que je vais vous raconter, vous me direz si à ma place vous n'eussiez pas été aussi faible que moi. Au moment de m'embarquer pour mon dernier voyage des Grandes-Indes, j'allai chez M. Wilde père, négociant à Liverpool, pour lui payer le montant d'une pacotille qu'il m'avait vendue plus d'un an auparavant, et dont la valeur s'élevait à 1,500 livres sterling environ, y compris les intérêts. En examinant la facture, je m'aperçus qu'il avait commis à son préjudice une erreur de près de 25 livres. J'avoue que je n'eus pas la délicatesse d'en avertir le père Wilde; non que j'eusse intention de lui en faire tort, mais je comptais profiter de son erreur jusqu'à ce qu'il l'eût remarquée lui-même, et cela ne pouvait manquer d'arriver tôt ou tard, vu sa grande exactitude en affaires. Le lendemain, je m'embarque. Je ne vous raconterai pas l'histoire d'un voyage qui a duré près d'un an; vous saurez seulement que je fus assez heureux dans mes opérations. Nous

revenions gaiement vers l'Europe, lorsque, le 21 du mois
dernier, entre onze heures et minuit, nous trouvant par
les 8 ou 9 degrés de latitude sud, à la hauteur de l'île de
l'Ascension, tout l'équipage était couché, et il ne restait
sur le pont que le timonier, une vigie et moi, qui m'étais
chargé de faire le quart. Nous faisions bonne route, secon-
dés par une assez forte brise sud-sud-est; je venais de
faire porter le cap au nord-quart-ouest, quand tout à coup
le timonier me dit tout bas : « Eh ! mais, capitaine, qu'est-
ce que j'aperçois là-bas sur le gaillard d'avant? » Je jette
les yeux de ce côté, et je vois distinctement... (*Ici Garrick se retourne, et aperçoit Georges qui apporte un panier
de vin, mais qui était resté immobile à écouter le récit de
Garrick.*)

SCÈNE X

GEORGES, LES PRÉCÉDENTS.

GEORGES.

Monsieur, voici le vin que vous avez fait demander.

GARRICK.

Tiens, a-t-il encore une figure celui-là !... C'est donc toi,
garçon, qui es chargé de la cambuse?

GEORGES.

Cam... buse... Cambuse ; Monsieur, je m'appelle
Georges, et je suis sommelier de mon état, et je ne me
suis jamais mêlé de faire la cambuse, entendez-vous.

GARRICK.

Ah ! ah ! voyez-vous ce petit rat de cave qui se fâche !...
Dis donc, donne-moi à goûter de ton vin, et faisons la
paix. (*Georges lui verse à boire. Garrick, après avoir bu.*)
Quel est donc ce vin-là?...

GEORGES.

C'est du bordeaux, Monsieur.

GARRICK.

Oui, du bordeaux baptisé ou plutôt noyé dans l'eau de
la Tamise.

PLUMP.

Je vous assure, Monsieur, que c'est du pur Bordeaux, aussi vrai que je suis un honnête homme.

GARRICK.

En ce cas, je vous crois sur parole. (*A Georges.*) Versez-m'en encore un verre.

GEORGES.

Vous pouvez bien vous en rapporter à ce que nous vous disons; personne ne connaît mieux ce qu'il y a dans notre vin que mon maître et moi, puisque nous le faisons nous-mêmes.

PLUMP, *poussant Georges.*

Veux-tu te taire, imbécile! (*A Garrick.*) Monsieur avait témoigné le désir de se retirer dans une chambre! veut-il voir le n° 6? je vais vous y conduire moi-même, et si cela vous convient, nous y ferons porter ces rafraîchissements.

GARRICK.

Volontiers; et pendant que nous visiterons cet appartement, je vous achèverai mon histoire.

PLUMP.

Avec plaisir... elle m'intéresse beaucoup. (*A part en s'en allant.*) On a bien raison de dire qu'il n'y a personne de si superstitieux que les marins. (*A Georges qui se disposait à les suivre.*) Reste là pour veiller dans cette salle.

SCÈNE XI

GEORGES, *seul.*

Là, moi qui aurais eu tant envie d'entendre conter cette histoire de revenant; car bien sûr c'était de ça que ce marin parlait à not' maître, et, d'après ce que Tom vient de me dire, il est question que c'est le bonhomme Wilde lui-même qui revient... C'est que si je savais que c'est vrai, je ne resterais pas longtemps dans la maison; moi je n'aime pas du tout à habiter avec les revenants... et encore c'est que c'est moi qui suis le plus exposé... toute la journée dans une cave... Ah! si je pouvais savoir... tiens, tiens, une idée... (*Il s'approche de la porte.*) Écoutons... j'entends quelque chose... (*Il prête l'oreille... un instant de silence pendant lequel il fait des gestes pour exprimer l'étonnement et la crainte.*) Ah! mon Dieu!... ce n'est que trop vrai... il l'a vu... il lui a parlé... son habit de velours rayé... sa perruque... je tremble... son chapeau à cornes... je n'en puis plus... ses lunettes... ma vue se trouble... un papier écrit en lettres de feu... je frissonne... (*Il se retire de la porte.*) Ah! je me meurs... il faut que je boive un coup pour me remettre. (*Il va vers la table, se verse un verre de vin et le boit.*)

SCÈNE XII

PLUMP, GEORGES.

PLUMP, *qui est entré pendant que Georges boit, s'approche de lui par derrière, et lui donne une tape sur l'épaule.*

Ah! ah! camarade, je vous y attrape. Il paraît que vous n'êtes pas aussi difficile que le capitaine Storm.

GEORGES.

Dam! il n'y a pas de quoi se fâcher, not' maître; ce n'est pas vot' vin que je bois, puisque c'est le capitaine qui paie. Je voulais vérifier si réellement j'avais mis trop d'eau; mais je vous assure qu'il est très-bien conditionné, et qu'il faut que ce capitaine Storm soit un fameux gourmet. Tenez, goûtez-y vous-même. (*Il lui en verse.*)

PLUMP, *après avoir bu.*

Il n'y a pas dans Londres quatre personnes capables de s'apercevoir qu'on a mis de l'eau dans ce vin-là. Je vois que si le capitaine Storm a la tête dérangée, il n'en a pas moins le goût d'une délicatesse étonnante.

GEORGES, *à part.*

La tête dérangée!... je crois bien, on l'aurait bien à moins... (*Haut.*) A propos, not' maître tenez, je vous dirai franchement qu'il y a queuque chose qui me tracasse.

PLUMP.

Quoi donc, Georges?

GEORGES.

C'est que depuis queuque temps je n'entends parler que
de revenant, et j'ai peur, moi... Si cela continue, je n'ose-
rai plus descendre à la cave... je croirai voir un fantôme
derrière chaque tonneau.

PLUMP.

Que tu es bête !... ne crains rien, c'est moi qui t'en réponds.

GEORGES.

C'est bien aisé à dire ; mais Mme Plump et le petit Tom
sont encore plus effrayés que moi.

PLUMP.

Ma femme aussi! mais c'est donc une épidémie... Il
n'y a plus que moi dans la maison qui ne sois pas atteint
de cette sotte maladie; au surplus, je ne la crains pas, et
je me charge de guérir les autres. Va porter ce vin et ces
deux plats dans la chambre du capitaine. (*Ici on entend
chanter Gouvernet.*)

SCÈNE XIII

PLUMP, GEORGES, GARRICK, *entrant au moment où
Georges se dispose à sortir.*

GARRICK, *à part.*

J'entends chanter Gouvernet. Tout doit être prêt maintenant. (*Haut.*) Eh bien ! est-ce que l'on m'oublie?

PLUMP.

Vous voyez, Monsieur, que Georges se disposait à vous
servir.

GARRICK, *se tournant du côté de Georges.*

Qu'on me fasse aussi préparer un lit... j'ai envie de dormir, et l'on ne me réveillera qu'à l'heure du dîner.

PLUMP, *à Georges.*

Tu iras prévenir ma femme d'arranger le lit du capitaine,
et tu retourneras à ta besogne.

GEORGES.

Ça suffit, not' maître. (*A part, en s'en allant.*) Je voudrais pourtant bien savoir la fin de cette histoire.

SCÈNE XIV

GARRICK, PLUMP.

GARRICK.

Eh bien, monsieur Plump, dites-moi franchement, que pensez-vous de l'aventure extraordinaire que je vous ai racontée ?... Vous aviez l'air de ne pas oser me contredire, mais dans le fond de n'y pas croire beaucoup.

PLUMP.

Puisque vous exigez que je vous dise la vérité, je vous avouerai franchement que je n'y crois pas du tout.

GARRICK.

Par la sainte-barbe !... je suis donc un menteur, un imposteur, à votre avis?

PLUMP.

Ne vous fâchez pas, Monsieur ; mais je pense que vous avez été trompé vous-même par quelque illusion, quelque hallucination d'esprit, comme cela arrive souvent aux marins.

GARRICK, *d'un ton plus radouci.*

Mais, Monsieur, comment se fait-il que cette illusion, cette hallucination, comme vous voudrez, ait eu lieu le 18 du mois dernier à deux mille lieues d'ici, le même jour où était mort le bonhomme Wilde? Comment se fait-il que mon timonier, qui ne l'avait jamais vu, ait reconnu comme moi la couleur de son habit, son chapeau, sa canne? Que direz-vous enfin de ce papier, sur lequel était écrit en caractère de feu : « Doit, le capitaine Storm, à Wilde fils, successeur de son père, pour erreur commise dans sa dernière facture, la somme de 25 livres 12 schellings? »

PLUMP.

Je ne puis guère, il est vrai, vous expliquer cela; mais je vous demanderai à mon tour : Comment se fait-il qu'il aille vous apparaître à deux mille lieues, et qu'il ne se soit pas montré ici, où il est mort?

GARRICK.

La raison en est fort simple : c'est qu'il ne pouvait pas
être dans deux endroits à la fois. J'ai oublié de vous dire
qu'il ne se passait presque pas de jour où il ne m'apparût
encore ; mais il n'avait plus l'air courroucé comme la
première fois, et il me suffisait de lui dire : « Monsieur
Wilde, je vous promets de payer votre fils aussitôt que je
serai arrivé en Angleterre, » et à l'instant il disparaissait.

PLUMP.

Tout cela ne peut me convaincre, et je suis tout aussi
incrédule qu'auparavant.

GARRICK.

Vous en parlez fort à votre aise, monsieur Plump... Sans
doute, quand on a la conscience en repos, on ne craint
pas les revenants... Si je n'avais rien à me reprocher, je
n'aurais peur ni des revenants ni du diable en personne...
Je serais déjà reparti, et à l'heure qu'il est j'aurais dou-
blé le cap Saint-Vincent... mais dans l'état où je suis, je
ne voudrais pas seulement faire la traversée de Douvres à
Calais...Ah! monsieur Plump, qu'une conscience pure et
tranquille est un trésor plus précieux que toutes les ri-
chesses du monde !

PLUMP.

Pour ça, vous avez raison. Faut être honnête homme,
je ne connais que ça, moi, voyez-vous. Aussi, moi, je ne
crains rien, je vas partout tête levée. Dans tout le quartier on n'entend qu'une seule voix sur mon compte :
M. Plump est un brave homme ! M. Plump est un honnête
homme !

Une voix dans la chambre.

Plump est un fripon!... Plump est un voleur!...

PLUMP, *étonné.*

Eh bien ! qu'est-ce que j'entends?...

GARRICK.

Quoi donc?... qu'avez-vous?...

PLUMP.

Est-ce que vous n'avez pas entendu?

GARRICK.

Entendu quoi?

PLUMP.

Parler dans cette chambre.

GARRICK.

Non.

PLUMP.

Je suis sûr qu'il y a quelqu'un caché là dedans. (*Il va ouvrir la porte et visiter la chambre.*)

GARRICK, *seul un instant.*

Ah! ah! ah! maître Plump, ce n'est rien encore, et nous vous en ferons voir bien d'autres.

PLUMP, *rentrant.*

C'est singulier, il n'y a pourtant personne dans cette chambre; c'est quelqu'un qui a essayé de me faire peur, Mais il n'y réussira pas. Cependant, par prudence, il faut toujours fermer cette porte à clef. (*Il ferme la porte et met la clef dans sa poche.*) Réellement, Monsieur, vous n'avez rien entendu?

GARRICK.

Je vous ai déjà dit que non.

PLUMP.

C'est inconcevable.

GARRICK.

Vos oreilles vous ont trompé sans doute; c'est l'effet de quelque illusion, de quelque hallucination dont vous aurez été dupe. Pour moi, je vais manger un morceau et dormir.

SCÈNE XV

PLUMP, *seul.*

C'est bon pour vous, monsieur Storm, d'avoir des illusions; moi je suis bien sûr que mes oreilles ne m'ont pas trompé. (*Ici on entend dans la rue plusieurs voix qui crient en riant aux éclats.*) — Plump est un voleur, ah! ah!... *A la Mauvaise Foi...* aubergiste voleur. — Eh bien! qu'est-ce que c'est que ça? est-ce encore une illusion?

SCÈNE XVI

PLUMP, GOUVERNET, *tenant une enseigne à la main.*

GOUVERNET, *à la cantonade.*

Oui, malgré tout ce que vous pouvez dire, moi je soutiens que M. Plump est un honnête homme, et que ce ne sont que des envieux et des jaloux qui tiennent de pareils propos sur son compte!

PLUMP, *s'approchant.*

Monsieur Gouvernet, dites-moi donc, s'il vous plaît, ce que signifie tout ce tumulte.

GOUVERNET, *avec chaleur.*

C'est une indignité, c'est une infamie, c'est une horreur!... Figurez-vous que quand j'arrive devant la maison pour travailler, je vois une foule de gens assemblés riant, chuchotant et regardant votre enseigne. Vous savez que ce matin je l'avais effacée et recouverte d'une couleur brune à l'huile prête à recevoir les lettres. D'un coup d'œil je devinai ce qui attirait l'attention de la foule. Une main inconnue avait tracé ces mots à la place qu'occupaient les anciennes lettres : *A la Mauvaise Foi,* Plump, aubergiste voleur. Voyez vous-même. (*Il lui montre l'enseigne.*)

PLUMP.

Oui, vous avez raison, c'est une infamie, une horreur... c'est un tour que m'a joué quelque ennemi jaloux de la prospérité de ma maison.

GOUVERNET.

C'est ce que j'ai dit, et j'ai pris votre défense avec chaleur, parce que moi, voyez-vous, autant j'ai de plaisir à voir tourmenter un fripon, autant je suis indigné quand je vois un honnête homme qui ne le mérite pas... et je suis persuadé que vous êtes un honnête homme.

PLUMP.

Vous êtes trop bon, je vous remercie, monsieur Gouvernet, mais comment s'est-il en si peu de temps rassemblé tant de monde?

GOUVERNET.

Ce n'est pas difficile à concevoir. Il aura suffi d'une seule personne qui se sera arrêtée quelques minutes à lire votre enseigne et l'aura fait remarquer à deux ou trois autres, pour réunir en un instant une foule de badauds, comme nous les appelons à Paris... Oh! si vous aviez entendu tous les propos qu'on a tenus sur votre compte, surtout au moment où j'ai détaché l'enseigne!... il faut que vous ayez des ennemis bien acharnés.

PLUMP.

Oh! je devine; je suis sûr que c'est l'aubergiste du Grand-Turc qui est l'auteur de cela... Depuis longtemps il me fait des menaces; mais il me le paiera... Avez-vous pu découvrir quel est l'audacieux qui a écrit ces horreurs?

GOUVERNET.

Personne n'a rien vu... les uns disent que c'est une main invisible, les autres que c'est un vieillard qui a un chapeau à cornes, et qui porte des lunettes; enfin je ne finirais pas si je voulais vous raconter tous les cancans des commères du quartier.

SCÈNE XVII

PLUMP, GOUVERNET, BLIND.

BLIND.

Pourriez-vous me dire, monsieur Plump, pourquoi il y a un rassemblement si considérable à votre porte, et qui est-ce qui se permet ainsi de troubler l'ordre public?... Savez-vous que c'est un délit grave et qui peut entraîner à une amende ou à la prison.

PLUMP.

Ah! c'est vous, monsieur Blind; vous arrivez fort à propos. Je vais vous expliquer tout cela.

GOUVERNET, à *Plump*.

Si vous voulez, Monsieur, je vais m'établir ici pour réparer votre enseigne. Après ce qui vient d'arriver, je ne puis retourner dans la rue.

PLUMP *à Gouvernet.*

Comme il vous plaira. (*Pendant que Gouvernet se retire dans le fond du théâtre et se dispose à travailler, Plump attire Blind sur le devant de la scène, et lui dit:*) Écoutez, monsieur Blind, vous connaissez l'aubergiste du Grand-Turc.

BLIND.

Oui.

PLUMP.

Eh bien, c'est lui qui est la cause de ce tumulte.

BLIND.

Comment cela? le maître de l'auberge du Grand-Turc est un homme doux et pacifique. Jamais on ne m'a porté la moindre plainte sur son compte, et entre nous, monsieur Plump, je n'en pourrais pas dire autant de vous.

PLUMP.

Quand je vous dis que c'est lui, c'est que c'est bien lui, j'en suis sûr.

BLIND.

Il ne suffit pas de dire: C'est lui... c'est lui... il faut des preuves... (*prenant une prise de tabac*), et je ne vois pas clairement.

PLUMP.

(*A part.*) Allons, il a encore besoin de lumière. (*Haut.*) Tiens, vous prenez du tabac, monsieur Blind? je ne m'en étais pas encore aperçu.

BLIND.

Oui... cela m'a été ordonné depuis quelque temps pour m'éclaircir la vue. (*Il en offre à Plump, qui en prend une prise.*)

PLUMP.

Comment? Monsieur, vous le premier constable de la cité, vous vous servez d'une tabatière de corne?... Ne devriez-vous pas en avoir une en or? Tous les médecins vous diront que dans l'or le tabac acquiert une qualité favorable à la vue, ce qui n'a pas lieu dans les tabatières d'ivoire, d'écaille et surtout de corne.

BLIND.

Je sais bien cela; mais je ne suis pas assez riche pour en acheter une d'un tel prix.

PLUMP.

Pour moi je ne souffrirai pas que vous soyez privé plus longtemps d'un objet aussi utile. Tenez, j'ai là justement une petite tabatière en or que m'a donnée mon parrain, et qui est pour moi un meuble inutile, car je ne prends pas de tabac. (*Il lui offre la tabatière.*)

BLIND.

Non, non, je vous remercie, monsieur Plump, je ne puis accepter un pareil cadeau... car enfin...

PLUMP.

Prenez, vous dis-je, prenez donc... c'est un service que vous me rendez; car si je gardais la tabatière, je pourrais être tenté de m'en servir, et c'est une habitude que je ne veux pas contracter. Un cuisinier ne doit jamais prendre de tabac s'il tient à faire proprement son métier.

BLIND.

En ce cas, puisque c'est pour vous rendre service... je pense que je puis sans indiscrétion... (*Il prend la tabatière.*) Cependant...

PLUMP.

N'en parlons plus, et revenons à notre affaire.

BLIND.

D'après les explications que vous venez de me donner (*il prend une prise dans la tabatière d'or*), je vois clairement que l'aubergiste du Grand-Turc est un coquin (*il prend encore une prise*), un scélérat (*nouvelle prise*), un homme qui mérite d'être condamné à l'amende et à la prison (*encore une prise*).

PLUMP.

Et même à la potence.

BLIND.

Et même à la potence. (*Une prise.*) Voilà qui est entendu. Il n'y a plus maintenant qu'à dresser un procès-verbal bien circonstancié et surtout bien clair des faits qui lui sont reprochés. C'est vous qui êtes le plaignant?

PLUMP.

Oui, Monsieur.

BLIND.

Avez-vous des témoins?

PLUMP.

Tant que nous en voudrons. (*Montrant Gouvernet.*) Voilà
d'abord Monsieur, qui a tout vu, et qu'on peut interroger
le premier.

BLIND, *à Gouvernet.*

Vous avez été témoin, Monsieur, de ce qui s'est passé
tout à l'heure sur la voie publique?

GOUVERNET.

Oui, Monsieur, et vous me voyez occupé en ce moment à
réparer une partie du dommage.

BLIND.

Bien, vous allez venir avec nous dans la salle du rez-de-
chaussée, où je recevrai les dépositions.

GOUVERNET.

Messieurs, je n'ai plus qu'un coup de pinceau à donner,
et je suis à vous.

BLIND.

Ne soyez pas long, car c'est par vous que nous allons
commencer l'enquête. (*Plump et Blind sortent.*)

GOUVERNET.

Trois minutes tout au plus. (*Pendant qu'ils sortent.*)
Allez, allez, digne couple. Vous êtes assortis comme Oreste
et Pylade, comme Castor et Pollux.

SCÈNE XVIII

GARRICK, GOUVERNET.

GARRICK, *sortant de sa chambre.*

Voici le moment, je crois, d'opérer une nouvelle méta-
morphose et de renoncer à la marine.

GOUVERNET.

Je le pense aussi. Vous avez sans doute entendu tout ce
qui vient de se passer?

GARRICK.

Je n'en ai pas perdu une syllabe.

GOUVERNET.

Savez-vous que ce Plump est un rusé coquin qui ne se laisse pas effrayer facilement? Avez-vous vu avec quelle facilité il a pris le change, et au lieu de croire qu'il y avait du merveilleux dans cette voix que j'ai fait entendre, et dans l'aventure de l'enseigne, comme il s'est rejeté sur l'idée que tout cela n'était qu'un mauvais tour que lui jouait la jalousie d'un voisin.

GARRICK.

Vous avez raison; mais cela a l'avantage d'éloigner de vous tout soupçon, et d'ailleurs nous n'avons pas encore employé les grands moyens... C'est alors que nous verrons si sa fermeté ne se démentira pas.

GOUVERNET.

Dépêchons-nous, car vous savez qu'ils m'attendent (*ouvrant la malle.*) Voici l'habit, le chapeau, la culotte et la canne; vous trouverez les autres effets enveloppés dans cette serviette. — L'échelle est placée pour entrer dans la chambre, et l'ouvrier qui est là-bas la retirera quand vous serez monté.

GARRICK.

Bien, mais si j'ai besoin de sortir de la chambre, comment faire? elle est fermée à clef.

GOUVERNET.

Heureusement j'ai découvert que la serrure est à ressort, et s'ouvre à l'intérieur.

FIN DU DEUXIÈME ACTE.

ACTE TROISIÈME

—

SCÈNE I

GOUVERNET, *seul, chante en travaillant; à la fin de son couplet il s'approche de la chambre n° 4.*

GARRICK, *de l'intérieur entr'ouvrant la porte sans se montrer.*

Je vous entends, monsieur Gouvernet, je suis à mon poste.

GOUVERNET.

Bien... êtes-vous entré facilement par la croisée?

GARRICK, *de l'intérieur.*

Très-facilement; et l'on peut dans un instant passer d'une chambre à l'autre; mais il faut prendre garde que je ne sois aperçu dans mes courses par quelqu'un de la maison.

GOUVERNET.

Ne craignez rien... tout le monde est actuellement dans la salle du rez-de-chaussée pour l'enquête que fait M. Blind. Tom fait boire les domestiques et leur parle de revenants. James a fermé en dedans la porte de la petite cour par où vous êtes obligé de passer. — Mais chut... j'entends quelqu'un... c'est sans doute quelque victime que le Ciel nous envoie. (*Il remonte la scène et se remet à son travail.*)

SCÈNE II

TOM, GEORGES, GOUVERNET, *qui travaille sans avoir l'air de s'occuper de la conversation.*

TOM, *à Georges, en apercevant Gouvernet.*

Bon! il y a du monde ici, je n'aurai pas si peur.

GEORGES.

Es-tu poltron !... Ne pas venir seul dans cette chambre pendant le jour... si c'était le soir, passe encore.

TOM.

C'est bien à toi de parler, toi qui n'oses plus retourner à la cave.

GEORGES.

Oh ! mais une cave et une chambre, c'est bien différent.

TOM.

Oui, mais c'est la chambre où il est mort.

GEORGES.

Ça m'est égal... moi je n'ai plus peur à présent... je me sens un courage extraordinaire surtout depuis que j'ai bu deux verres de genièvre... Allons, ouvre la porte et entrons, car not' maître va s'impatienter.

TOM.

Tiens, voilà la clef, entre le premier, moi je n'ai rien bu, et je ne me sens pas tant de courage.

GEORGES, *d'un air résolu.*

Donne, donne, tu vas voir si je suis brave. (*Il entre.*)

TOM.

Au fait, puisqu'il y a là quelqu'un, il n'y a pas de danger, et je ne veux pas que Georges puisse dire que je suis un lâche. (*Il entre aussi dans la chambre.*)

GOUVERNET.

Nous allons voir bientôt le premier effet du déguisement de M. Garrick. (*Ici Tom et Georges sortent avec effroi de la chambre; Georges, le plus effrayé, renverse Tom et ils tombent par terre tous les deux.*)

GOUVERNET, *s'approchant.*

Eh ! qu'avez-vous donc? êtes-vous fous?

GEORGES, *d'une voix lamentable.*

Monsieur le revenant, ne me faites pas de mal.

GOUVERNET, *riant.*

Mais regardez-moi donc, est-ce que j'ai l'air d'un revenant? (*Il les aide à se relever.*)

TOM.

Ah! c'est vous, monsieur Gouvernet... défendez-n. s,
je vous prie.

GOUVERNET.

Asseyez-vous là... tâchez de vous remettre un peu, et
vous me conterez ce qui vous est arrivé.

GEORGES, *toujours effrayé.*

Ah! monsieur... le revenant...

GOUVERNET.

Eh bien, que voulez-vous dire avec votre revenant?

GEORGES, *montrant la chambre n° 4.*

Il est là...

TOM.

Ah! mon Dieu! la porte qui n'est point fermée! s'il al-
lait sortir... je tremble... monsieur Gouvernet...

GOUVERNET *va fermer la porte à clef.*

Tenez, voici la clef, rassurez-vous, et racontez-moi
maintenant ce qui a causé votre frayeur.

GEORGES.

Moi, je n'ai pas la force de parler, et je sens qu'il me
faudrait un verre de genièvre pour me remettre.

TOM.

Moi, je vas vous conter ça... Not'maître m'a dit comme
ça: Tom, va chercher la bouteille à l'encre pour M. le
constable, qui est dans la chambre n° 4, qui en a besoin
pour écrire son procès-verbal, avec le paquet de plumes
d'oie. Et en allant, j'ai dit à Georges que j'avais peur, qui
m'a dit: Quoi! t'as peur, poltron? Oui, que je dis... Eh ben,
qu'il dit, je vas avec toi, je n'ai pas peur, moi.—Là-dessus
il avale un grand verre de genièvre pour renfoncer la peur
dans son estomac, et nous voilà partis...

SCÈNE III

LES PRÉCÉDENTS, PLUMP.

PLUMP.

Que font là ces deux paresseux? Ils s'amusent à babiller
au lieu de faire les commissions qu'on leur donne.

GOUVERNET.

Ah! Monsieur, ne les grondez pas... ils sont dans un état pitoyable, et si vous les aviez vus il n'y a qu'un instant, vous en auriez été effrayé vous-même.

PLUMP.

Qu'ont-ils donc? que leur est-il arrivé?

GOUVERNET.

Ils prétendent qu'ils ont vu un revenant dans cette chambre.

PLUMP.

Encore un revenant! décidément tout le monde est fou ici.

GEORGES.

Ah! not'maître, si vous l'aviez vu comme moi, vous ne diriez pas que nous sommes fous.

TOM.

Oh! ça c'est vrai, je l'ai vu comme je vous vois.

GOUVERNET.

Pour moi, je ne crois pas beaucoup aux revenants; mais ici je pense qu'il y a quelque chose de réel qui a motivé leur crainte, et je vous engage à vous en assurer.

PLUMP.

Vous avez raison... j'ai déjà entendu ce matin certaine chose qui me fait soupçonner qu'un individu s'est introduit chez moi dans de mauvaises intentions. Mais à présent il sera bien fin s'il m'échappe, et justement nous nous trouvons en mesure pour le saisir. Je vais rester ici pour qu'il ne sorte pas par cet appartement; et vous, je vous prie d'aller prévenir M. Blind, pour faire une perquisition exacte dans toute la maison.

SCÈNE VI

LES PRÉCÉDENTS, GARRICK, *sortant de la chambre n° 6.*

GARRICK.

Triple sabord!... il est donc impossible de fermer l'œil dans cette maison? que veut dire tout ce tapage, monsieur Plump?... je m'étais étendu un instant dans mon hamac pour dormir, et tout à coup je suis réveillé par un vacarme à faire trembler tout le bâtiment, depuis le mât de perroquet jusqu'à fond de cale.

PLUMP.

Pardon, Monsieur, ce sont ces enfants, ces sots, ces niais, qui ont entendu, je ne sais comment, parler de votre histoire de revenant, et qui maintenant s'imaginent voir partout des fantômes et des revenants. A les croire, ils en ont aperçu un tout à l'heure dans cette chambre; mais moi, qu'on n'attrape pas comme on veut, je suis persuadé que, s'ils ont vu quelque chose, c'est un coquin qui s'est caché là dedans dans de mauvaises intentions.

GARRICK.

En ce cas allons vérifier le fait, et si nous attrapons cet individu, il passera un mauvais quart d'heure.

PLUMP.

Je vous remercie de votre bonne volonté, mais je veux dans cette recherche procéder avec beaucoup de solennité... Je viens de faire prévenir le constable du quartier, qui se trouve chez moi dans ce moment-ci, avec quelques soldats de garde... Si vous le désirez, nous les accompagnerons, ce qui, je crois, sera plus prudent; car cet homme pourrait bien être armé, et, entre nous, si je ne crains guère les revenants, j'ai peur d'une balle de pistolet, ou d'un coup de poignard : deux plats fort indigestes pour mon estomac.

GARRICK.

C'est sagement raisonné... En ce cas, je vous suivrai dans cette expédition en qualité de volontaire, et si l'individu en question s'avise de parler trop haut (*montrant deux pistolets*), voici de quoi lui faire baisser pavillon. (*Après un instant de silence.*) Cependant, si c'était une autre chose qu'un être vivant.

PLUMP, *à part.*

Allons, le voilà revenu à ses idées...

GARRICK, *s'adressant à Tom et à Georges.*

Dites donc, vous autres, est-il bien vrai que vous avez vu un revenant dans cette chambre ?

GEORGES.

Oh ! Monsieur, c'est si bien vrai, que j'en ai la fièvre quarte depuis dix minutes.

GARRICK.

Mais comment savez-vous que c'est un revenant, plutôt qu'un homme comme un autre ?

TOM.

Parce qu'il ressemble comme deux gouttes d'eau à M. Wilde, vous savez, de Liverpool, qui est mort le mois dernier, que vous vouliez parler à son fils ce matin, dans le n° 4, ousque vous n'avez pas voulu loger, parce que vous disiez qu'il y revenait des revenants.

GEORGES.

Oh ! ça c'est bien vrai : à preuve qu'il avait son habit de velours rayé.

TOM.

Sa perrupe et ses lunettes.

GEORGES.

Sa canne à bec de corbin.

TOM.

Un papier écrit en lettres de feu.

GEORGES.

Des cornes sur la tête.

GARRICK.

Des cornes sur la tête... en êtes-vous bien sûr ?

TOM.

Non, non, il n'avait pas de cornes ; mais il avait seulement un chapeau à cornes.

GEORGES.

C'est ce que je voulais dire.

GARRICK.

A la bonne heure. Ceci change un peu la question (*ôtant ses pistolets*), et je n'ai pas besoin de pistolet pour combattre un être de cette nature... (*S'adressant à Plump.*)

Qu'en dites-vous?... n'est-ce pas conforme au signalement que je vous ai donné ce matin?

PLUMP.

Mais faites donc attention qu'ils vous ont entendu raconter cette aventure, et leur imagination frappée leur a fait voir les mêmes choses que vous dites avoir vues vousmême... Tenez, tantôt, est-ce que Georges, que voilà, ne m'a pas pris pour un fantôme, moi, comme si j'avais l'air (*frappant sur son ventre*) d'un spectre, d'un squelette, ah!

GEORGES.

Oh! ça c'est vrai; mais ça n'empêche pas que c'est bien M. Wilde que nous avons vu, et qu'il était aussi difficile de s'y tromper que de prendre de la petite bière pour du vin de Malaga.

GARRICK.

Je crois, monsieur Plump, que ces enfants ont raison; mais c'est à moi qu'il appartient de débarrasser votre maison d'une pareille visite, car je suis convaincu que c'est moi que poursuit cette apparition, et que dès l'instant que j'aurai soldé M. Wilde fils, elle cessera de se montrer dans un lieu où elle n'aura plus rien qui l'attire.

PLUMP.

Et moi, jusqu'à preuve du contraire, je crois que c'est le même individu qui ce matin était caché là, et dont j'ai entendu la voix... Au reste, nous allons nous en assurer... Voici M. Blind.

SCÈNE V

LES PRÉCÉDENTS, BLIND, GOUVERNET, DEUX SOLDATS.

BLIND.

M. Gouvernet m'a expliqué l'affaire... j'ai fait en conséquence cerner la maison par la force armée, et j'ai placé des sentinelles à toutes les issues... Nous allons continuer la perquisition, et certes, le particulier que nous cherchons sera bien adroit s'il nous échappe : si toutefois il est composé de chair et d'os, car si c'était un habitant de l'autre monde, ma baguette de constable ne pourrait l'atteindre.

PLUMP.

Quoi ! vous aussi, monsieur Blind, vous donnez dans ces fadaises !

BLIND.

Fadaises... des fadaises, je ne vois pas bien clairement pourquoi ce seraient des fadaises, car enfin (*Il prend une prise de tabac*) il pourrait tout aussi bien se faire que ce fût un véritable revenant, et dans ce cas il serait difficile de le saisir.

PLUMP, *ouvrant la porte.*

Eh bien, moi, je crois que s'il y a quelqu'un ici, il est très-saisissable... Entrez, Messieurs, c'est à l'autorité à marcher la première.

BLIND.

C'est juste, et vous allez voir que l'autorité ne recule jamais devant l'accomplissement de ses devoirs. Soldats, vos armes sont-elles chargées? (*Les soldats font un signe affirmatif.*) Bien... Croisez la baïonnette, et au pas de charge. (*S'adressant à Garrick.*) Comme officier de marine, c'est à vous, Monsieur, qu'appartient l'honneur de marcher avec la force armée.

GARRICK.

Volontiers. (*Il entre.*) *Blind pousse devant lui Tom et Georges, qui paraissent faire quelques difficultés. Plump et Blind se font quelques civilités à la porte avant d'entrer, pour se céder le pas. — Il pourra s'établir entre eux le dialogue suivant : P.* Après vous. — *B.* Je n'en ferai rien. — *P.* Je suis chez moi. — *B.* Je suis en fonction. (*Blind, avant d'entrer, regarde dans la chambre et paraît hésiter.*)

Non, certainement que l'autorité ne recule jamais devant l'accomplissement de ses devoirs... (*Il entre.*)

SCÈNE VI

GOUVERNET, WILDE.

GOUVERNET, *sans apercevoir Wilde, qui entre pendant ces premiers mots.*

Voilà une perquisition qui éclaircira ou plutôt qui embrouillera furieusement l'affaire.

WILDE.

C'est vous, monsieur Gouvernet ; je suis bien aise de vous trouver seul. Où en est M. Garrick de son projet ? Je vous avoue que je n'ai pas voulu trop m'opposer à son désir, mais je doute fort du succès qu'il se promet.

GOUVERNET.

Détrompez-vous. Tout marche le mieux du monde. Plump, il est vrai, est assez difficile à effrayer ; mais l'essentiel c'est que nous savons qu'il est bien réellement le détenteur de votre fortune : j'ai vu le portefeuille vert entre ses mains.

WILDE.

En ce cas, ne vaudrait-il pas mieux employer directement les voies légales et avoir recours à la justice ?

GOUVERNET.

Recours à la justice !... ah ! Monsieur, y pensez-vous ? C'est la plus belle chose du monde que la justice, mais c'est sans doute pour cela qu'elle coûte si cher ; vous seriez obligé de sacrifier la moitié de votre fortune pour sauver l'autre, sans compter les lenteurs, les embarras, les ennuis de toute espèce que vous auriez à supporter. Puis il est si facile (en Angleterre du moins) de l'éluder, de la tromper, de la séduire même !... Tenez, laissez-nous faire, et si nous ne pouvons réussir, il sera toujours temps de nous adresser à la justice, comme dernière ressource et en désespoir de cause.

WILDE.

Le zèle que vous et M. Garrick vous montrez pour mes intérêts, me fait un devoir de m'en rapporter entièrement à vous.

GOUVERNET.

A la bonne heure, et voilà qui est plus raisonnable que
ce que vous me disiez tout à l'heure. Je vais vous quitter
pour qu'on ne nous voie pas ensemble. M. Garrick va sortir de cette porte en costume de marin.

WILDE.

Sous le nom de capitaine Storm ; je sais, je sais, il m'a
prévenu.

GOUVERNET.

Il a déjà commencé son rôle de revenant, et il a fait une
frayeur mortelle à deux domestiques de la maison ; puis il
a bien vite regagné cette chambre, où il a repris l'habit
de marin ; et maintenant il accompagne le constable et les
soldats du guet qui sont à la recherche du prétendu revenant... M. Garrick vous contera tout en détail... je les entends qui arrivent. (*Il sort.*)

SCÈNE VII

WILDE, BLIND, PLUMP, GEORGES, TOM.

BLIND , *qui sort le premier, parle dans l'intérieur.*

Oui, c'est à l'autorité à marcher la première. Capitaine,
continuez encore quelques instants la visite. Examinez
partout : sous les chaises, sous les tables, dans tous les
coins.

PLUMP, *sans voir Wilde.*

J'en étais sûr, là, que ces stupides n'avaient rien vu...
qu'en dites-vous maintenant, y a-t-il quelqu'un dans cette
chambre, hein ?

GEORGES.

Ça n'empêche pas, not' maître, que si gnia personne à
c't heure, il y avait un fameux revenant tantôt.

TOM.

Pour ça, c'est vrai, et un revenant ça entre et ça sort
quand ça veut.

BLIND.

Tom a raison, un revenant, ça entre et ça sort *ad libi-*

tum... ça s'évapore (*une prise*), ça se volatilise, et je ne vois pas clairement... mais c'est égal, continuons toujours notre enquête.

WILDE.

Monsieur Plump, pourrait-on vous dire un mot?

PLUMP.

Ah! c'est vous, monsieur Wilde; je ne vous avais pas aperçu. (*S'adressant à Blind.*) Je pense que vous n'avez pas besoin de moi... Tom et Georges vont vous accompagner.

BLIND.

Comme il vous plaira, envoyez-moi les deux soldats qui sont avec le capitaine, aussitôt qu'ils seront arrivés. (*Il sort avec Tom et Georges.*)

SCÈNE VIII

PLUMP, WILDE.

PLUMP.

Vous êtes exact au rendez-vous; mais je vous demande pardon, un événement bizarre a retardé un peu le dîner.

WILDE.

Ce n'est pas le dîner qui m'a fait venir sitôt, et mon empressement a un tout autre motif. Je désire parler au capitaine Storm, qui doit être logé chez vous.

PLUMP.

Il est arrivé ce matin, et il vous attend lui-même avec impatience.

WILDE, *en souriant.*

Je le crois... le pauvre homme doit être furieusement tourmenté.

PLUMP.

Mais comment avez-vous appris son arrivée ici? car il ignorait votre adresse, et il n'est pas sorti ce matin.

WILDE.

Je l'ai appris par les journaux.

PLUMP.

Par les journaux!... Comment! les journaux disent que le capitaine Storm est descendu dans mon auberge.

WILDE.

Sans doute, et même ils racontent une aventure qui lui est arrivée en mer au retour de son dernier voyage.

PLUMP, *d'un air réfléchi.*

Ceci est plus fort... ça me passe tout à fait.

SCÈNE IX

LES PRÉCÉDENTS, GARRICK, *entrant avec empressement, les soldats entrent après lui, Plump leur parle, et ils se retirent.*

GARRICK.

Eh ! bonjour, monsieur Wilde, que je suis heureux de vous rencontrer ! (*Il lui serre la main avec affection.*)

WILDE.

Dès que j'ai appris votre arrivée, je suis accouru sans retard.

GARRICK.

Que je vous remercie, Monsieur, d'un tel empressement! Mais passons, je vous prie, dans ma chambre, où nous pourrons parler à notre aise de nos affaires.

WILDE.

Comme il vous plaira.

GARRICK, *à Plump.*

Monsieur, permettez-moi de ne plus m'occuper de votre perquisition ; car d'après ce que j'ai vu et entendu, je la crois désormais inutile. (*Ils entrent dans la chambre n° 6.*)

SCÈNE X

PLUMP, *seul.*

Ceci commence à devenir sérieux... je ne suis pas fâché de parler encore à M. Wilde quand il quittera le capitaine... Ce qu'il vient de me dire m'étonne et me confond... Les journaux qui parlent de cet événement... je serais bien curieux de voir ce qu'on y dit. (*On entend dans la rue :*) Voilà le *Star* qui vient de paraître, journal du soir curieux et intéressant le voilà pour six sous !... (*Ce cri*

d'abord faible, doit aller crescendo.) Bon, j'entends le crieur
du journal du soir... (*Il s'approche d'une croisée.*) Par ici,
par ici!...

SCÈNE XI

LE CRIEUR, *en entrant, continue.*

Voilà le *Star* qui vient de paraître, journal du soir curieux et intéressant; le voilà pour six sous... demandez,
Messieurs.

PLUMP, *au crieur.*

Qu'y a-t-il donc de curieux et d'intéressant aujourd'hui
dans ce journal?

LE CRIEUR, *continuant sur le même ton.*

C'est le journal du soir curieux et intéressant; le voilà
pour six sous!...

PLUMP.

Mais je vous demande...

LE CRIEUR, *en lui présentant une feuille.*

Monsieur, c'est six sous!...

PLUMP.

Savez-vous s'il parle de l'aventure du capitaine Storm?

LE CRIEUR, *tendant toujours la main.*

C'est six sous, Monsieur.

PLUMP, *impatienté.*

Tenez, voilà vos six sous, et allez vous promener.

LE CRIEUR, *en s'en allant.*

Demandez, Messieurs, faites-vous servir : c'est le *Star*
qui vient de paraître, journal du soir curieux et intéressant; le voilà pour six sous.

SCÈNE XII

PLUMP, *seul, tenant le journal.*

Il ne sait peut-être pas lire, et moi qui voulais lui demander ce qu'il y avait dans son journal de vraiment curieux et intéressant... C'est qu'au fait je n'aurais pas été
fâché que quelqu'un m'aidât un peu à chercher cet ar-

ticle (*il retourne le journal en tous sens*); car comment le trouver dans ce tas de grandes et petites lettres, surtout lorsque, comme moi, on n'a pas une grande habitude de la lecture?... C'est égal, je vais commencer par un bout. (*Mettant ses lunettes, il s'assied auprès d'une table sur laquelle est une chandelle. Il lit:*) Le Star, journal du soir, politique, littéraire, commercial, industriel, scientifique, anecdotique, agricole, récréatif, économique..... Se charge de toutes sortes d'avis et d'annonces à juste prix. — Si je continue comme cela jusqu'à la fin, j'en ai bien pour huit jours. — Voyons, tâchons d'aller plus vite. — NOUVELLES ÉTRANGÈRES : — « L'ambassadeur de Sa Majesté Britan- « nique en Chine vient d'écrire que cette année l'empe- « reur n'a pu présider à la fête de l'agriculture, par suite « d'une douleur rhumatismale qui l'empêche de tenir le « manche de la charrue. » — Voilà une nouvelle tout à fait curieuse et intéressante. — BERLIN : « Le roi Frédéric « a passé son armée en revue dimanche dernier, et a « donné la croix de mérite à deux sergents, quatre capo- « raux et six gendarmes. » — Allons plus loin. — « Le « roi d'Espagne vient d'envoyer la Toison d'or à M. de « Choiseul, premier ministre de Louis XV. » — Je vou- drais bien avoir un troupeau de ces moutons-là. — Ah! NOUVELLES DE L'INTÉRIEUR. — *Séances du parlement;* pas- sons... NOUVELLES DIVERSES, ANNONCES, ANECDOTES, CAU- SERIES DE SALON. — Ah, pour cette fois, je vais trouver mon affaire. — « La duchesse douairière de Cumberland « vient de perdre sa petite chienne Grisi par suite d'une « indigestion de pralines. Son Altesse ne recevra pas de- « main. » — Pauvre petite bête! — « Une personne digne « de foi assurait aujourd'hui devant une nombreuse so- « ciété qu'elle avait aperçu une hirondelle ce matin, ce « qui ferait perdre un pari considérable à l'ord Kerfond, « qui a parié que ces oiseaux ne paraîtraient pas avant « le 25. » Voilà des nouvelles fort amusantes, vraiment, et je désespère de trouver celle que je cherche... Heureu- sement, voici M. Wilde qui m'aidera un peu.

SCÈNE XIII.

PLUMP, WILDE.

WILDE, *parlant à Garrick dans l'intérieur.*

A revoir, capitaine, vous voilà tranquille maintenant.
(*Apercevant Plump.*) Eh bien! monsieur Plump, qu'y a-t-il
de nouveau dans votre journal?

PLUMP.

Vous me voyez occupé à chercher l'article dont vous
parliez tantôt; mais je ne puis le trouver, ou plutôt je
crois qu'il n'y est pas.

WILDE.

Monsieur, je vous assure que je l'ai lu. — Voyez donc à
l'article *Correspondance*, après l'article *Théâtre*, dans la
troisième colonne à droite.

PLUMP.

Ah! j'y suis. — « THÉÂTRES. — On donne ce soir à Drury-
« Lane la première représentation du *Trompeur trompé*.
« Le principal rôle sera joué par Garrick. » Tiens, je désirerais assez voir çà; il y a si longtemps que j'entends
parler de Garrick, et dire que je ne l'ai jamais vu; parce
que je ne vas pas souvent au spectacle, et quand Garrick
joue, on trouve difficilement à se placer.

WILDE.

Je vous promets de vous le faire voir dans le rôle annoncé par le journal.

PLUMP.

Je vous remercie d'avance.

WILDE, *à part.*

Vous ne me remercierez peut-être pas après. (*Haut.*)
Continuez (*lui indiquant du doigt*), tenez, voilà l'article.

PLUMP, *lisant.*

« On nous écrit de Liverpool que le navire *la Betsy*, ca-
« pitaine Storm, revenant de l'Inde, est entré dans le port
« hier 19. Il n'est bruit dans toute la ville que de l'aven-
« ture extraordinaire arrivée en mer au capitaine et à l'é-
« quipage de ce bâtiment. »

WILDE.

Vous voyez, Monsieur, si je vous ai trompé.

PLUMP.

Non, voilà absolument tous les détails que m'a donnés le capitaine.

WILDE.

Voyez à la fin.

PLUMP, *lisant.*

« Le capitaine, tourmenté comme on peut le croire, est
« parti sur-le-champ pour Londres, dans l'espoir de ren-
« contrer M. Wilde fils à l'hôtellerie de la *Bonne-Foi*, dans
« la Cité où logeait son père. Un pareil événement a trouvé
« quelques incrédules; mais le plus grand nombre des
« habitants de Liverpool y ajoute une foi entière, car il
« existe une tradition connue de toute la ville et des en-
« virons, d'après laquelle on prétend que de temps immé-
« morial les Wilde ont eu le privilége de revenir après
« leur mort tourmenter ceux qui leur ont causé quelque
« dommage pendant leur vie. « Voilà un singulier privilége, et il subsiste encore?

WILDE.

Je crois que, d'après ce que vous venez de lire et d'entendre, vous n'en pouvez douter. C'était la connaissance
de ce privilége qui me faisait dire ce matin que je ne voulais point faire d'enquête contre la personne qui m'avait
ruiné, parce qu'il serait plus malheureux que moi. — A
revoir, monsieur Plump, je vais chercher mon ami que
vous avez invité à dîner avec moi.

SCÈNE XIV

PLUMP, *seul.*

Il est bien question de dîner, vraiment!... Si ce qu'il
me dit est vrai, je suis un homme perdu... J'ai pourtant
bien de la peine à croire... Mais comment expliquer cette
voix de ce matin, cette main inconnue qui a tracé des ca-
ractères sur mon enseigne, cette apparition que Tom et

Georges ont vue, en tout semblable à celle du capitaine
Storm, et enfin cet article du journal, cette tradition, cette
assurance du jeune Wilde?... En vérité, je m'y perds...
tout cela me confond et me bouleverse la tête au point
qu'à présent je ne serais pas surpris... (*Ici un coup vio-
lent est frappé à la porte du n⁰ 4. Plump se retourne brusquement avec effroi en s'écriant :* Qu'entends-je?... *(la porte
s'ouvre)* que vois-je?...

SCÈNE XV

GARRICK, PLUMP.

GARRICK, *sous le costume du vieux Wilde tel qu'on l'a dé-
crit plus haut, s'avance lentement vers le secrétaire où est
le portefeuille; il frappe trois fois de sa canne en disant
ces mots d'une voix sépulcrale :*

Plump est un fripon!... Plumb est un voleur!...

PLUMP, *effrayé, se sauve dans un coin de la salle et jette
la clef du secrétaire dans le milieu du théâtre.*

Monsieur Wilde, voilà la clef... prenez ce qui vous
appartient... laissez-moi... Ah! je vous en conjure...
laissez-moi... (*Garrick, après avoir ouvert le secrétaire et
pris le portefeuille, rentre gravement par la porte d'où il est
sorti.*)

SCÈNE XVI

PLUMP, BLIND, TOM, GEORGES.

BLIND.

Monsieur Plumb, je vous déclare qu'il n'est pas possible
de faire une visite plus exacte que celle que nous avons
faite, et nous n'avons rien découvert; ainsi je vois clairement comme vous que ce ne sont que des visions qui ont
troublé le cerveau de ces jeunes gens.

PLUMP, *le regardant d'un air effrayé.*

Des visions... oui, des visions... j'en sais quelque
chose...

GEORGES.

Eh! grand Dieu! qu'avez-vous donc, not' maître? vous êtes pâle comme la mort : c'est pour cette fois que vous avez l'air d'un fantôme.

TOM.

Est-ce que vous l'auriez vu aussi, le revenant?

PLUMP.

Laissez-moi... ne me faites pas de questions... ce ne sera rien... (*A part.*) Il y a encore dans la cave les mille livres en or qui me chagrinent; allons, il faut faire un sacrifice et me débarrasser tout à fait... (*haut.*) Viens, Georges, viens avec moi, mon ami, j'ai à te charger d'une commission importante. Donne-moi le bras... je me sens faible.

GEORGES.

Bah! c'est rien, ça not' maître : un verre de genièvre vous remettra bientôt; c'est toujours mon remède, et je m'en trouve bien.

BLIND.

Ah çà! n'oubliez pas le dîner; je sens à mon estomac que l'heure est déjà passée.

GEORGES , *en s'en allant.*

Soyez tranquille; nous y songerons; je vais'en dire deux mots à M. Plump.

SCÈNE XVII

BLIND, TOM.

TOM.

Que pensez-vous, Monsieur, de la maladie subite de not' maître ?

BLIND.

Je pense (*une prise*), je pense que le dîner va refroidir, et je ne vois pas clairement pourquoi on ferait jeûner un constable, quand on l'a fait travailler toute la journée.

TOM.

Croyez-vous qu'il ait vu le revenant?

BLIND.

Je crois (*une prise*), je crois que la soupe à la tortue ne saurait être mangée trop chaude. En conséquence, en ma qualité de constable, je t'ordonne d'aller mettre le couvert et de presser le dîner.

TOM.

Monsieur, je vous obéis... Ah! voici la compagnie qui arrive... Messieurs, donnez-vous la peine d'entrer, je vais mettre le couvert, et tout sera prêt dans un moment.

SCÈNE XVIII

BLIND, WILDE, GARRICK, *dans son premier costume.*

BLIND.

Messieurs, je vois avec plaisir que vous êtes exacts au rendez-vous. M. Plump s'est trouvé tout à coup indisposé; mais je vais lui annoncer votre arrivée, car je crains que cet accident ne retarde le dîner.

GARRICK.

Ne craignez rien; M. Gouvernet est allé le prévenir, et ils vont revenir ensemble.

BLIND.

Tant mieux; car je me sens un furieux appétit! Ah! Messieurs, si vous saviez combien j'ai eu d'occupations depuis que nous nous sommes quittés ce matin!... C'est un métier bien fatigant que celui de premier constable de la Cité, surtout quand on se pique de faire son devoir avec zèle (*une prise*), avec exactitude.

GARRICK.

Et surtout avec probité!

BLIND.

Et surtout avec probité (*une prise*), comme vous le dites fort bien.

SCÈNE XIX.

Les précédents, GEORGES.

GEORGES.

Monsieur Wilde, voilà un sac de mille livres sterling en or qu'une personne qui désire rester inconnue m'a chargé de vous remettre comme une restitution.

GARRICK, *à Wilde*.

Il paraît que M. Plump s'exécute de bonne grâce, et qu'il n'a pas attendu les menaces de M. Gouvernet.

WILDE, *à Georges*.

Bien, mon ami, reçois cela pour ta peine.

BLIND.

Est-ce que par hasard ce serait là une partie de la somme dont vous vous prétendiez frustré dans la succession de monsieur votre père ?

WILDE.

Oui, Monsieur, et de plus j'ai reçu le portefeuille vert, avec tous les billets que je réclamais.

SCÈNE XX

PLUMP, GOUVERNET, GARRICK, WILDE, GEORGES, BLIND.

BLIND.

C'est fort heureux. (*Apercevant Plump.*) Venez, monsieur Plump, venez prendre part à la joie de M. Wilde, qui vient de recouvrer tout ce qu'on lui avait volé.

GOUVERNET.

Je puis vous assurer, Monsieur, d'après la conversation que nous venons d'avoir ensemble, que M. Plump y prend beaucoup de part.

PLUMP, *embarrassé*.

Certainement... j'y prends... beaucoup de part... C'est M. Gouvernet qui m'a annoncé cette heureuse nouvelle, et il peut vous dire combien elle m'a fait plaisir.

GARRICK , *bas à Gouvernet.*

Est-ce que vous lui avez expliqué ?...

GOUVERNET , *bas à Garrick.*

Non; seulement il commence à avoir des doutes sur la réalité de l'apparition; mais si la crainte des revenants diminue, celle de la justice humaine augmente.

GARRICK , *à Wilde.*

Monsieur Wilde , connaissez-vous l'auteur de ce vol ?

WILDE.

Oui, Monsieur, je le connais.

BLIND.

En ce cas, Monsieur, il est de votre devoir de le déclarer à la justice, afin d'en purger la société. Chargez-moi de cette affaire, et je vous promets de faire bientôt pendre ce coquin (*une prise*), ce scélérat infâme.

PLUMP , *à part.*

Maudit bavard, te tairas-tu !

WILDE.

Je vous remercie de votre zèle ; mais à présent que j'ai retrouvé ce que je croyais perdu (*avec intention et regardant Plump*), je désire que celui qui a voulu me dépouiller de ma fortune profite de la leçon qu'il vient de recevoir pour changer de conduite : c'est à quoi je veux borner ma vengeance.

BLIND.

Vous êtes trop bon, monsieur Wilde, et je vous le répète, chargez-moi...

WILDE , *interrompant.*

N'insistez pas, c'est une affaire terminée... (*S'adressant à Plump.*) Monsieur Plump, je vous avais promis de vous faire voir M. Garrick jouant le rôle principal dans la pièce du *Trompeur trompé;* j'ai l'honneur de vous le présenter.

PLUMP.

Quoi, ce monsieur qui était avec vous ce matin...

GARRICK , *du ton qu'il avait pris dans le rôle du marin.*

Est le capitaine Storm, mille sabords, le reconnaissez-vous?

PLUMP.

Monsieur, je vous entends ; vous avez fort bien joué votre rôle, et j'ai été complétement votre dupe.

GARRICK.

Et vous pouvez ajouter que jamais succès au théâtre ne m'a flatté davantage.

BLIND.

Je vous avoue, Monsieur, que je ne vois pas clairement ce que tout cela signifie.

GOUVERNET.

Moi, je vais vous l'expliquer. Cela signifie que dans cette journée M. Wilde retrouve sa fortune ; que vous gagnez, vous, cinquante bouteilles de vin de Bordeaux, une tabatière d'or et un bon dîner, et M. Plump une enseigne de *la Bonne-Foi* remise à neuf, car c'est M. Wilde qui se charge de me la payer.

BLIND.

Je ne comprends pas encore.

SCÈNE XXI ET DERNIÈRE

Les précédents, TOM.

TOM.

Messieurs, le dîner est servi.

BLIND.

Voilà ce que j'ai entendu de plus clair aujourd'hui... Allons, Messieurs, à table.

WILDE.

Des motifs que M. Plumb connaît maintenant et qu'il vous expliquera, s'il le juge à propos, ne nous permettent pas d'accepter l'invitation qu'il nous avait faite. J'ai commandé à dîner à l'auberge du Grand-Turc pour M. Garrick, M. Gouvernet et moi, et nous allons nous y rendre à l'instant.

BLIND.

En ce cas, monsieur Plump, allons nous mettre à table, je meurs de faim.

PLUMP.

Je n'ai pas d'appétit... Tom, va servir M. Blind.

TOM, *en s'en allant.*

Allons, monsieur le constable, vous allez manger à vous seul le dîner de quatre. (*Blind et Tom sortent.*)

GARRICK.

Tâchez, monsieur Plump, comme on vous l'a dit, de profiter de la leçon et de devenir honnête homme, et surtout n'oubliez pas que, *quand on a la conscience en repos, on ne craint pas les revenants.*

PLUMP.

Soyez tranquilles, Messieurs, je profiterai de vos bons avis. (*Garrick, Wilde et Gouvernet sortent.*) Adieu, Messieurs, adieu. (*S'adressant à Georges.*) Georges, l'eau que tu as mise sur le feu est-elle assez chaude?

GEORGES.

Oui, not' maître.

PLUMP.

En ce cas, mon ami, allons faire notre vin de Bourgogne.

FIN

TABLE

Tours. — Impr. Mame.

BIBLIOTHÈQUE DES ÉCOLES. — 2e SÉRIE.

APPROUVÉE
PAR
Mgr l'Archevêque de Tours